Cuaderno de ejercicios

Nuevo Avance
Intermedio

Elvira Herrador | Concha Moreno | Piedad Zurita | Victoria Moreno

Primera edición: 2012

Produce: SGEL - Educación
Avd. Valdelaparra, 29
28108 ALCOBENDAS (MADRID)

© Elvira Herrador
Concha Moreno
Piedad Zurita
Victoria Moreno

© Sociedad General Española de Librería, S. A. 2012
Avd. Valdelaparra, 29. 28108 ALCOBENDAS (MADRID)

ISBN: 978-84-9778-753-6 (versión internacional)
ISBN: 978-84-9778-758-1 (versión Brasil)
Depósito Legal:
Printed in Spain – Impreso en España

Edición: Ana Sánchez
Coordinación editorial: Javier Lahuerta
Cubierta: Track Comunicación (Bernard Parra)
Maquetación: Track Comunicación (Bernard Parra)
Ilustración: M.ª Ángeles Peinador
Fotografías: Shutterstock, Cordon Press
Impresión: Fragma

Cualquier forma de reproducción, distribución, comunicación pública o transformación de esta obra solo puede ser realizada con la autorización de sus titulares, salvo excepción prevista por la ley. Diríjase a CEDRO (Centro Español de Derechos Reprográficos) si necesita fotocopiar o escanear algún fragmento de esta obra. (www.conlicencia.com; 91 702 19 70 / 93 272 04 47).

Índice

UNIDAD 1: *La ciudad es mi planeta* — 4

UNIDAD 2: *¡Cuánto hemos cambiado!* — 12

UNIDAD 3: *La medida del tiempo* — 20

UNIDAD 4: *Vamos a contar historias* — 28

UNIDAD 5: *Los espectáculos* — 36

UNIDAD 6: *La diversidad es nuestra realidad* — 44

UNIDAD 7: *Nuestra lengua* — 52

UNIDAD 8: *Los estudios, ¿una obligación? No* — 60

UNIDAD 9: *Dar las gracias no cuesta dinero* — 68

UNIDAD 10: *Ellos y ellas* — 76

UNIDAD 11: *Me lo dijeron dos veces* — 84

UNIDAD 12: *El mundo del trabajo* — 92

EXAMEN DELE B1 — 102

SOLUCIONES — 118

TRANSCRIPCIONES DE LAS AUDICIONES — 129

La ciudad es mi planeta

1. Contenidos gramaticales

1 **A** Completa los espacios en blanco con el verbo en futuro.

¿Cómo será el mundo dentro de 100 años?

1 ¿(Ser) _Será_ el español el idioma universal?
2 ¿(Haber) _____ otra Guerra Mundial?
3 ¿En qué campos (avanzar) _____ más la ciencia?
4 ¿(Estar) _____ todo el mundo calvo?
5 ¿(Seguir) _____ existiendo la monarquía en España?
6 Si se agota el petróleo, ¿de dónde (sacar) _____ el plástico?
7 ¿(Poder) _____ casarse los curas? ¡Son tantas preguntas sin respuestas...!

B En parejas elegid alguna de las preguntas y tratad de dar respuestas probables.

C Ahora, añade cinco preguntas más. Tu compañero/a tiene que contestarlas.
Te ofrecemos algunas ideas:

- La vida humana más larga
- Único presidente/a en la Unión Europea
- Nuevas religiones
- Los nuevos alimentos
- Microchip en el cerebro

1 La ciudad es mi planeta

2 Escribe en futuro o condicional los verbos que faltan en las siguientes oraciones.

1 ● ¿Por qué lloraba Iker Casillas después del partido?
▼ *Lloraría* de emoción.

2 ● ¿Cuánto cuesta un café en España?
▼ No sé, porque no me gusta el café, pero _____ 1,20 euros.

3 ● ¿Dónde están los alumnos?
▼ Imagino que _____ durmiendo. Anoche fueron al concierto de David Bisbal.

4 ● ¿A qué hora terminó el concierto?
▼ _____ a las tres de la madrugada, como casi todos los de Bisbal.

5 ● ¿Cuántos extranjeros viven en España?
▼ _____ unos cinco millones.

3 Subraya las oraciones que tengan un sentido de probabilidad e indica qué tiempo verbal se ha usado.

1 ● ¿Tendrías un bolígrafo rojo?
▼ Sí, tengo uno en el bolso.
● ¿No tendrás también un cigarro?
▼ No, ya no fumo.

2 ● ¿Sabes a qué hora empezó el concierto?
▼ Empezaría a las ocho.

3 ● ¿Cuántos estabais en la fiesta?
▼ Estaríamos unas cincuenta personas.

4 ● ¿Podría decirme qué hora es?
▼ Lo siento, no tengo reloj. Pero serán las doce de la mañana.

5 ● ¿Podrás venir a mi boda?
▼ Iré si mi jefe me da el día libre.

6 ● ¿Qué tiempo hará mañana?
▼ He oído que lloverá en el norte y hará calor en el sur.

4 A Completa los espacios en blanco con la forma condicional del verbo entre paréntesis.

GOTAS DE LLUVIA

Dos amigas estaban sentadas en la terraza de un bar viendo llover. Una de ellas le dice a la otra:
«¡Cómo me (1) (gustar) *gustaría* ser una gota de agua y caer en un río! Entonces me (2) (convertir) _____ en agua de río, y (3) (ser) _____ el hogar de los peces, y los chicos en el verano me (4) (buscar) _____ para bañarse y jugar conmigo. ¡(5) (ser) _____ tan divertido!».
La otra amiga comenta:
«Yo (6) (querer) _____ caer en la tierra sobre la raíz de un rosal y transformarme en una rosa. Alguien me (7) (llevar) _____ a su casa y me (8) (poner) _____ en un florero.
Todas las visitas (9) (decir) _____ : "¡Qué flor más hermosa!"».
La primera entonces dice:
«¿O por qué no en una piscina? Entonces (10) (jugar) _____ todo el tiempo con los niños».
Y así siguieron hasta que dejó de llover...

(Texto adaptado de los cuentos infantiles de Karina Echevarría)

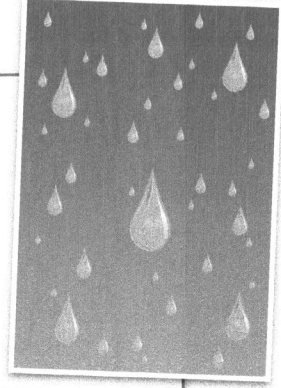

B En grupo, pensad qué os gustaría ser y por qué.

La ciudad es mi planeta

5 A Une los adverbios de las dos columnas.

1 Despacio	a Detrás
2 Delante	b Deprisa
3 Cerca	c Tarde
4 Pronto	d Lejos
5 Tarde	e Poco
6 Mucho	f Temprano

B Ahora utiliza los adverbios en oraciones.

1 *El caracol es un animal que se mueve despacio*.
2 _____.
3 _____.
4 _____.
5 _____.
6 _____.

6 A Sustituye la expresión entre paréntesis por un adverbio acabado en *-mente*.

1 El señor me contestó (con amabilidad) _____.

2 Conocí a mi novio/a (por casualidad) _____.

3 Celebramos el triunfo de la Selección Española (con alegría) _____.

4 Castigó a su hijo (con dureza) _____.

5 (Es casi seguro) _____ pasarán la luna de miel en Roma.

B Imagina.

1 ¿Qué le contestó el señor?
_____.

2 ¿Dónde y cómo conoció a su novio/a?
_____.

3 ¿Cómo y dónde celebraron el triunfo?
_____.

4 ¿Qué castigo puso a su hijo?
_____.

5 ¿Dónde pasaste o te gustaría pasar tu luna de miel o viaje de novios?
_____.

Nuevo Avance Intermedio

1 La ciudad es mi planeta

2. Contenidos léxicos

1 **A** Sopa de letras.
Busca las siguientes palabras del recuadro.
Pueden estar en horizontal, vertical o diagonal.

> reciclar • reutilizar • envase • basura • contenedor
> ruido • medioambiente • contaminación

D	P	L	M	X	G	R	G	N	K	B	V	H	Q	E	M	S	W	M
Y	X	M	T	J	K	B	H	Ñ	X	J	Z	D	M	M	C	Q	A	E
M	R	U	J	G	E	J	Z	U	P	I	Z	W	S	C	X	R	Z	D
D	E	N	V	A	S	E	N	N	B	V	F	P	M	M	B	J	G	I
A	C	Z	Y	P	W	P	O	N	Z	W	O	F	T	F	R	V	U	O
E	I	D	Z	K	K	Q	W	O	J	H	E	V	Y	Z	E	X	Y	A
Z	C	O	N	T	E	N	E	D	O	R	J	V	Ñ	N	U	O	X	M
R	L	A	X	Z	S	N	A	T	P	A	R	D	O	H	T	W	M	B
C	A	O	C	O	K	R	D	Z	T	R	K	I	Y	W	I	Ñ	R	I
I	R	V	D	S	U	R	X	J	T	J	C	F	J	Q	L	G	L	E
H	Ñ	D	N	S	S	G	K	Ñ	I	A	L	N	W	U	I	K	C	N
R	E	Q	A	I	H	E	X	C	N	Ñ	G	N	V	H	Z	P	V	T
T	Y	B	Ñ	C	K	I	C	I	O	U	O	P	H	G	A	T	B	E
G	Q	Ñ	V	E	D	R	M	U	C	B	M	P	D	C	R	A	P	P
B	A	F	P	O	V	A	P	M	C	J	K	W	Q	F	N	D	N	B
A	V	C	X	Ñ	T	T	V	X	K	H	W	I	Ñ	A	C	J	P	M
F	D	J	I	N	I	K	B	Ñ	D	R	U	I	D	O	Z	M	V	W
Y	D	W	O	A	J	F	U	V	X	B	U	M	I	Q	C	K	Z	T
D	F	C	V	R	M	D	D	O	R	K	Ñ	T	O	B	H	P	V	M

B Escribe un texto corto y usa las palabras de esta sopa de letras y otras
que has aprendido en esta unidad relacionadas con el medioambiente.

El cuidado del medioambiente

Vivimos en un planeta y tenemos que cuidarlo, por eso es muy importante reciclar...

_____
_____
_____
_____ .

Nuevo Avance Intermedio 7

1. La ciudad es mi planeta

2 A Relaciona los tipos de envases con los productos.

B Y ahora di:
- Cuando haces la compra, ¿qué productos de la lista compras normalmente?
- ¿Dónde sueles comprar la fruta y la verdura, en el mercado, en el supermercado o en tiendas pequeñas?

envases
1. Caja de
2. Botella de
3. Lata de
4. Bolsa de
5. Rollo de
6. Paquete de
7. Cartón de
8. Tarro de
9. Bote de
10. Tarrina de

productos
- leche
- papel higiénico
- sardinas
- atún
- cerveza
- azúcar
- arroz
- mermelada
- patatas
- perfume
- vino
- agua
- helado
- mantequilla
- cerillas
- pañuelos
- fideos

3. De todo un poco

1 Interactúa.

En parejas, leed las siguientes situaciones. En todas ellas hay que pedir un favor. Recuerda que puedes usar: el presente de indicativo en forma interrogativa (+ por favor); el presente del verbo *poder* (+ por favor) o el condicional de los verbos *poder* o *importar*.

Situación 1: *Tienes que reservar un billete de avión y no te funciona el ordenador. Pide a tu compañero/a este favor.*

Situación 2: *Necesitas que tu vecina, una señora de 80 años, te deje un poco de sal.*

Situación 3: *Estás enfermo/a, tienes mucha fiebre y no puedes ir a la farmacia. Necesitas comprar algunos medicamentos. Pide este favor a tu compañero/a de piso.*

Situación 4: *Una señora va sentada en el autobús y lleva el carro de la compra. Quieres sentarte, pero no puedes pasar. Pide a la señora que desplace el carro.*

La ciudad es mi planeta

2 Habla.

A ¿A qué renunciarías para cuidar el medioambiente? Explica a tus compañeros/as brevemente a qué renunciarías para mejorar tu calidad de vida y para contribuir al cuidado del planeta. No te olvides de las tres 'erres' (Reduce, Reutiliza, Recicla).

- *A mí me gustaría usar menos bolsas de plástico porque son muy contaminantes y utilizar bolsas de material reutilizable.*

B Comenta estas fotos. En la unidad del libro encontrarás información para hablar sobre ellas.

3 Escucha.

A ¿Tener coche? No, gracias. [1]

1 Escucha con atención las siguientes declaraciones.

2 Después de escuchar, contesta a las siguientes preguntas.

- **a** ¿Quiénes hablan?
- **b** ¿Viven solos o acompañados?
- **c** ¿Cuántos años tienen?
- **d** ¿Estudian o trabajan?
- **e** ¿A qué han renunciado?
- **f** ¿Cómo se sienten?

3 En parejas.
Leed la transcripción y elegid cinco palabras o locuciones que queréis preguntar a la clase. Por ejemplo: *Sacarse el carné*. Se sortea quiénes empiezan a preguntar. La pareja que sepa la respuesta levanta la mano y contesta. Si acierta, puede preguntar, si no, pierde el turno.

B Estocolmo, Capital Verde Europea en 2010 [2]

1 Antes de escuchar.

a Con tu compañero/a, comprobad que conocéis el vocabulario del recuadro.

> calderas • duplicado • galardón • biogás
> verdes • residuales • renovables
> bombillas • combustible • desperdicios

b En parejas, discutid qué méritos tendrá Estocolmo para ser la Capital Verde Europea.

Nuevo Avance Intermedio 9

La ciudad es mi planeta

2 Después de escuchar.

Comparte con tus compañeros/as lo que has entendido y completad los espacios en blanco con las palabras anteriores.

> *La capital sueca fue la Capital Verde Europea en 2010, seguida por Hamburgo en 2011 y Vitoria en 2012*
>
> ¿Qué méritos ecológicos tuvo Suecia para merecerse ese (1) _____?
> La capital sueca ha logrado reducir sus emisiones de CO_2 un 25% por habitante desde 1990. Veamos siete de estas medidas entre otras muchas aceptadas:
>
> 1 Disminución del tráfico en el centro.
>
> 2 El 50% de los autobuses circula con energías (2) _____ y el 50% del transporte público funciona de manera subterránea.
>
> 3 Los 760 kilómetros de carril bici de la ciudad han (3) _____ el número de ciclistas.
>
> 4 Se han sustituido más de 200 000 (4) _____ convencionales en más de 400 edificios públicos y, en los últimos años, se han invertido 18 millones de euros en sustituir más de 600 sistemas de calefacción por (5) _____ modernas.
>
> 5 Un 95% de la población aproximadamente vive a menos de 300 metros de zonas (6) _____ que mejoran la calidad de vida local.
>
> 6 El barrio modelo de la ciudad es Hammarby Sjöstad, antigua zona industrial. El barrio genera casi toda la energía que consume. Los (7) _____ que no pueden ser aprovechados se queman para producir electricidad.
>
> 7 En Hammarby Sjöstad de las aguas (8) _____ se obtiene (9) _____, que se utiliza en las cocinas y es el (10) _____ con el que circulan los autobuses del barrio. También los residentes cuentan con un tren gratuito que les lleva al centro.
>
> (*Fuente: www.visitsweden.com*)

3 Vuelve a escuchar.

a Durante la audición comprueba que has completado correctamente los espacios en blanco.

b Por último, di si las siguientes afirmaciones sobre el texto anterior son verdaderas (V) o falsas (F).

	V	F
1 En Estocolmo ha disminuido el tráfico en el centro.		
2 La mitad de los autobuses circula con energías no renovables.		
3 El barrio de Hammarby Sjöstad genera casi toda la energía que consume.		
4 Los suecos disfrutan de una gran cantidad de zonas verdes.		
5 En Suecia es poco frecuente que la gente se desplace en bicicleta.		

4 Escribe.

A *Verde* es más que un color. *Ser verde* significa adoptar medidas para proteger el medioambiente: el agua, la tierra y el aire que respiramos. *Ser verde* significa DISFRUTAR de la Tierra. ¿Te gustaría «Ser un joven verde»? Seguro que sí. Escribe un decálogo verde y un eslogan.

DECÁLOGO VERDE
1. _____.
2. _____.
3. _____.
4. _____.
5. _____.
6. _____.
7. _____.
8. _____.
9. _____.
10. _____.

Eslogan: _____.

B Has encontrado este texto en un *chat*. Léelo y escribe un correo a Mario dándole algunos consejos. Recuerda que puedes dárselos usando el condicional.

Mis amigos dicen que soy muy pesimista y que tengo que ser más optimista, ya que, según ellos, soy muy aburrido. Mis padres están de acuerdo con mis amigos. Todos estos comentarios me han deprimido y me han enfadado mucho; no se lo he dicho a nadie porque también soy muy orgulloso. Vivimos en un mundo con muchos problemas e injusticias. Yo no soy como esa gente que vive sin pensar en las dificultades. A mí también me gustaría no preocuparme, pero no soy capaz. Me encantaría ser como mis amigos, pero no sé qué hacer. ¿Podrías darme algunos consejos?
Mario (Málaga)

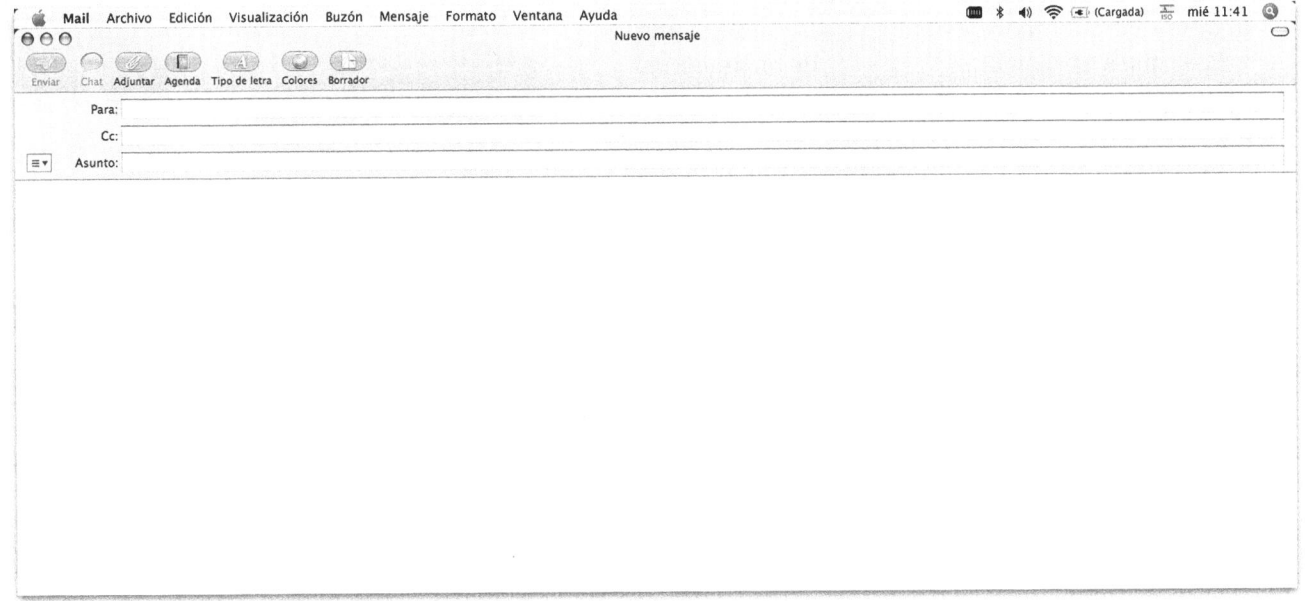

¡Cuánto hemos cambiado!

1. Contenidos gramaticales

1 Completa los espacios en blanco con los verbos entre paréntesis en pretérito indefinido y responde.

1 ● Le (pedir, yo) *pedí* perdón al director.
   ▼ ¿Y qué te (decir, él) _____?
   _____.

2 ● ¿Qué (hacer, tú) _____ ayer por la tarde?
   ▼ _____.

3 ● ¿Dónde (estar, usted) _____ en vacaciones de Semana Santa?
   ▼ _____.

4 ● ¿Dónde (poner, ellos) _____ la maleta?
   ▼ _____.

5 ● ¿Cuándo (conocer, vosotros) _____ a la nueva novia de vuestro hijo?
   ▼ _____.

2 Pon los verbos entre paréntesis en pretérito indefinido o pretérito perfecto.

1 ● ¿Qué pasó la primera vez que (ir) *fuiste* a Argentina?
   ▼ Pues que me (enamorar) _____ de un argentino.

2 ● ¿(Viajar) _____ muchas veces a Mallorca este año?
   ▼ Sí, muchas. Es que me encanta visitar a mi hermana.

3 ● ¿Cuándo (empezar) _____ a estudiar español?
   ▼ Hace dos o tres años, pero lo (dejar) _____ y ahora (volver) _____ a empezar un curso intensivo.

4 ● ¿Cuántos libros (leer) _____ el verano pasado?
   ▼ Tres o cuatro. Siempre dejo para el verano los libros que no (poder) _____ leer durante el curso.

5 ● ¿Cuál (ser) _____ el libro que más te (gustar) _____?
   ▼ Me (encantar) _____ *La mano de Fátima*, de Ildefonso Falcones.

3 Sustituye los infinitivos por la forma verbal adecuada de pasado.

> **Una llamada al móvil cambió mi vida**
>
> El verano pasado me (1) (enamorar, yo) _enamoré_ de un chico en el autobús. Cuando se (2) (subir, él) _____ y lo (3) (ver, yo) _____, me quedé sin habla. Él no me (4) (mirar) _____ pero nunca olvidaré ni su cara ni su sonrisa. (5) (Pensar, yo) _____: _¡Es el chico de mis sueños!_ Una semana después, un domingo, mi amiga Carmen y yo (6) (quedar) _____ para ir a la playa. De pronto, (7) (sonar) _____ el móvil de mi amiga y alguien le (8) (preguntar) _____ que dónde estábamos. Un poco más tarde, (9) (llegar) _____ él, el chico del autobús. (10) (Pasar, nosotros) _____ un día estupendo que nunca olvidaré. Al volver a casa, me (11) (preguntar, él) _____:
> ● ¿Quieres venir a cenar esta noche conmigo?
> ▼ Vale, de acuerdo, (12) (contestar) _____ yo. Me (13) (invitar, él) _____ a un sitio muy bonito, parecía una cena de película. Después me (14) (acompañar) _____ hasta casa y nos sentamos a hablar en un banco. Entonces se (15) (acercar, él) _____, me (16) (pedir) _____ un beso. Yo le (17) (decir) _____ que sí. Desde entonces no nos (18) (separar) _____. Nunca le (19) (contar, yo) _____ lo del autobús. A veces pienso que una llamada de móvil (20) (cambiar) _____ mi vida.

4 **A Observa el cuadro y coloca el demostrativo adecuado en los espacios en blanco. Los adverbios que aparecen entre paréntesis te ayudarán.**

(Adaptación de _El camión_, de Frida Khalo)

Me llamo Frida y cada día vuelvo a mi casa en (1) (aquí) _este_ camión con (2) (aquí) _____ personas. A mi lado, (3) (aquí) _____ señor que viste elegantemente es el padre de Pancho, que es (4) (ahí) _____ niño que mira por la ventana. En (5) (allí) _____ fábrica que se ve al fondo trabaja (6) (ahí) _____ hombre vestido de azul. Hoy ha subido una mujer que no conozco. Es (7) (ahí) _____ mujer que lleva a su hijo en brazos. (8) (Allí) _____ señora, que tiene una cesta, es mi vecina que va al mercado que está en la siguiente parada. Todo está igual que siempre, pero sé que hoy cambiará mi vida.

B Ahora contesta a las siguientes preguntas. Para ello te sugerimos buscar información de Frida Kahlo en el siguiente enlace: www.fkhalo.com.

1 ¿Sabes qué lugar representa en este cuadro Frida Kahlo?
   a Un camión.
   b La parada del autobús (español de España) o del camión (español de México).
   c Un tranvía.

2 Imagina adónde van todas las personas que esperan. ¿Qué van a hacer al bajarse del vehículo público?

3 ¿Qué relación tiene este cuadro con la vida de la pintora?
   a Sufrió un accidente muy grave cuando viajaba en ese vehículo.
   b Conoció a su marido cuando viajaba en ese vehículo.
   c Iba a su primera exposición de pintura.

4 ¿Sabes cómo se llama este cuadro?

5 Busca otros cuadros de esta pintora y coméntalos con tus compañeros.

2. Contenidos léxicos

1 A continuación tienes algunas palabras relacionadas con la INFORMÁTICA: *contraseña, ordenador, arroba, correo, internet* y *ratón*. Completa los cuadros.

2 Con las palabras anteriores completa las siguientes oraciones.

1 Para mí, el invento más influyente desde que se creó la imprenta es _____.
   Este invento sirve para:
   - compartir información.
   - intercambiar ideas y opiniones.
   - comunicarnos con el resto del mundo.
2 Es un objeto pequeño que puedes mover a lo largo de una superficie dura y plana. Su nombre viene de su forma porque recuerda a un animalito. Se llama _____.
3 ¿Puedes dejarme tu _____ portátil? Tengo que enviar un trabajo a mi profesor de español y hoy es el último día.
4 He cambiado la dirección de mi _____ electrónico y mi _____, para que mis padres no puedan leer mis mensajes.
5 ● ¿Cómo se dice en español @?
   - Se dice _____.

¡Cuánto hemos cambiado!

3 **A** **Los inventos han cambiado nuestras vidas. Lee el siguiente texto y comenta con tus compañeros/as cuáles de los siguientes inventos habrán desaparecido dentro de 20 años.**

Una tarde, un nieto charla con su abuela y le pregunta:

Nieto: Abuela, ¿cuántos años tienes?
Abuela: Bueno, a ver si lo adivinas...
Nací antes de la televisión, las comidas congeladas, las fotocopiadoras, el fax, los ordenadores, los cajeros automáticos, los móviles, las lavadoras, las tarjetas de crédito... Fuimos la última generación que creyó que una mujer necesitaba casarse para triunfar en la vida o para tener un hijo. ¿Cuántos años crees que tengo?
Nieto: Más de cien, ¿no?
Abuela: No cariño..., solo tengo 65 años.

B Completa los espacios en blanco del texto con las palabras del recuadro.

- Las relaciones interpersonales
- El acceso a la información
- La formación
- La manera de trabajar
- La forma de comunicarnos
- El ocio y el entretenimiento
- La manera de comprar

Internet ha cambiado nuestra vida

1 _____: El correo electrónico, las redes sociales o los *blogs* nos permiten relacionarnos con otras personas de todos los lugares del mundo sin necesidad de estar físicamente presentes.

2 _____: La inmediatez del *e-mail* ha sustituido a las cartas tradicionales. Por su parte, los *blogs* se han convertido en un importante medio para contar experiencias y expresar opiniones. En España existen aproximadamente 2,5 millones de *blogs*, cifra que sigue aumentando.

3 _____: La *web* es hoy en día la mayor fuente de información. Solo con teclear en un buscador conseguimos lo que nos interesa conocer: noticias, moda, dietas, direcciones, etc.

4 _____: La televisión ha dejado de ocupar la mayor parte de nuestro tiempo de ocio. Actualmente pasamos más horas en internet que delante de la televisión.

5 _____: Podemos comprar durante las 24 horas del día sin movernos de casa. El dinero en efectivo se vuelve antiguo frente a nuevas fórmulas de pago *on line*.

6 _____: El trabajo ya no es un lugar físico, sino que gracias a internet podemos trabajar en cualquier momento y en cualquier lugar.

7 _____: Internet ofrece múltiples oportunidades académicas: cursos *on line*, tutorías virtuales, etc. para formarnos a distancia.

(Fuente: *http://www.laflecha.net/*)

C **En grupos, comentad las cosas que han cambiado con internet y, después, comparad vuestras opiniones con el resto de la clase.**

● *Ha cambiado la forma de comunicarnos. Yo ya no escribo cartas. Ahora envío correos electrónicos.*

3. De todo un poco

1 Interactúa.

A 1 **Mirad estos inventos. En parejas, expresad vuestra opinión sobre ellos. Recordad las estructuras que conocéis para expresar opinión:** *Me parece que / Creo que / En mi opinión…*

2 **Y ahora piensa en un objeto normal que te gustaría modificar. Explícaselo a tus compañeros/as.**

B **La clase se divide en grupos. Has invitado a tu novio/a a tu casa y tienes la habitación muy desordenada. Tu amigo/a se ofrece a ayudarte, pero tú tienes que decirle dónde poner las cosas. Utiliza los demostrativos (página 26 de** *Nuevo Avance Intermedio***) y relaciónalos con los adverbios:** *aquí, ahí* **y** *allí.*

● *¿Dónde pongo esa camiseta gris?*
▼ *Ponla ahí, debajo de la almohada, gracias.*

¡Cuánto hemos cambiado! **2**

2 Habla.

Elige uno de estos dos temas y haz una presentación ante toda la clase. Tienes unos minutos para prepararte y, cuando ya estés listo/a, exponlo durante tres minutos. Después, tus compañeros/as (y tu profesor/a si así lo desea) te harán preguntas.

A ¿Por qué crees que hay más hombres inventores que mujeres?
 – ¿Son ellos más inteligentes o ingeniosos?
 – ¿Es una cuestión de disponer de más tiempo para dedicarse a pensar?
 – ¿Inventar es una cuestión de inspiración o de investigación?

B Comenta con tus compañeros/as qué inventores o inventoras hay en tu país y para qué sirven sus inventos. Para ello, te sugerimos que busques en internet. Seguro que ahí encuentras información.

3 Escucha.

A Inventoras.

1 Antes de escuchar.
   a Comprueba que conoces el nombre de los inventos que aparecen en las imágenes.

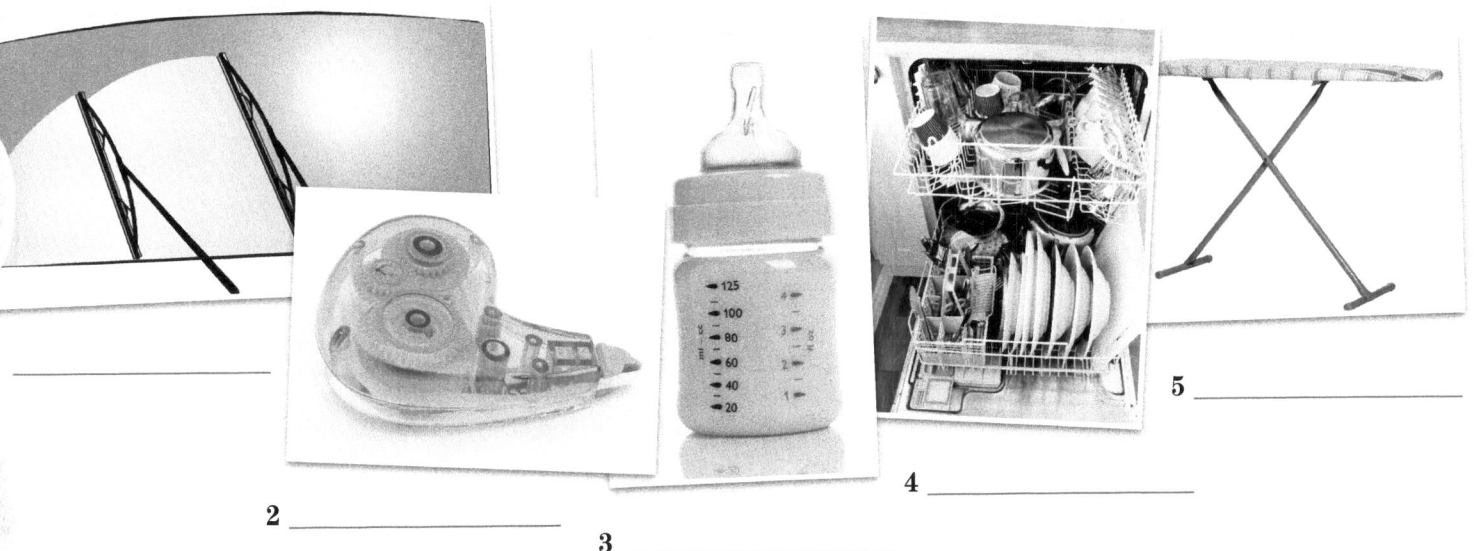

1 _____ 2 _____ 3 _____ 4 _____ 5 _____

b ¿Sabes qué tienen en común? Habla con tu compañero/a.

2 Ahora, escucha atentamente y comprueba si has acertado.

3 Para terminar, completa el siguiente cuadro. Si es necesario, vuelve a escuchar la audición.

NOMBRE DE LAS INVENTORAS	NACIONALIDAD	INVENTO

B Me gusta mi ciudad.

1 En el siguiente diálogo se proponen planes.
  a ¿Quiénes son los personajes que hablan?
  b ¿Dónde están?
  c ¿Qué planes proponen?
  d ¿Qué recursos utilizan para aceptar o rechazar los planes?

2 Ahora te toca a ti.
Imagina que un/a compañero/a va a visitar tu ciudad. Elabora una propuesta para que vea los rincones más interesantes y menos turísticos. Luego, preséntala a toda la clase.

4 Lee.

A Investigadores españoles.

1 Antes de leer.
Ventajas y desventajas de trabajar en el extranjero. Da tu opinión.

2 Después de leer.
  a Escribe tres frases que resuman las ideas principales del texto.
  b ¿Ocurre lo mismo en tu país? Coméntalo con tus compañeros/as.

El 60% de los jóvenes investigadores españoles trabajarán en el extranjero

España suspende en el trato a sus jóvenes talentos científicos. Por eso el 60% de los jóvenes investigadores españoles pretende marcharse al extranjero a trabajar mientras que, de los científicos españoles que se encuentran fuera del país, únicamente algo más del 10% podrían volver en el presente año, según el informe *Innovacef 2010* presentado este martes por la Universidad a Distancia de Madrid (UDIMA) y el Centro de Estudios Financieros (CEF). Los jóvenes científicos han manifestado que el mejor lugar para investigar es Reino Unido, con una puntuación de 6,9 puntos, seguido de Alemania (6,3) y Estados Unidos (6,2).
Las razones que llevan a los científicos españoles a buscar trabajo en el extranjero son: los salarios, en el 50% de los casos, la estabilidad laboral (38%), el reconocimiento social (38%), la financiación (37%), y la carrera investigadora (30%).

(Adaptado de: Europa Press 25/05/2010 *www.eleconomista.es*)

B Anuncios de inventos.

1 Concurso de rapidez. Lee el texto y contesta a las siguientes preguntas. La persona que responda correctamente en menos tiempo, gana.

La raqueta con doble empuñadora

Se llama The Natural y está diseñada por Lionel Burt. Se empezó a usar en 2007 y se ha tardado 18 años en desarrollar este invento. Solo existen dos raquetas así en el circuito profesional. Una es la del estadounidense Brian Battistone, un tenista de 31 años. La otra la lleva el hermano de Brian, Dann. Desde que estos tenistas juegan con esta raqueta han ganado todos los partidos y ahora se encuentran entre los 200 primeros del mundo por parejas. ¿Se animará Rafa Nadal a utilizar esta raqueta?

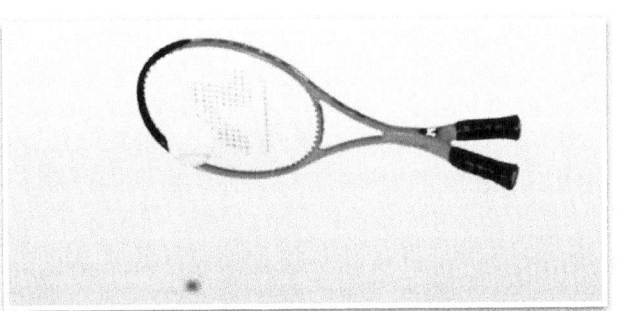

(Adaptado de: *www.naturaltennis.com*)

a ¿Cómo se llama la raqueta de doble empuñadora?
b ¿Quién ha inventado esta raqueta?
c ¿Cuántos tenistas profesionales la utilizan?
d ¿La utiliza Rafa Nadal?
e ¿Te gusta este invento? ¿Por qué?

2 Ahora os proponemos que presentéis este invento a un grupo de tenistas (vuestra clase) que prefiere mantener la raqueta de siempre. Debéis convencerlos con buenos argumentos.

5 Escribe.

Fíjate en el texto *Una llamada al móvil cambió mi vida*. ¿Recuerdas alguna historia en la que una llamada o un *sms* cambió la vida de una persona? Ten en cuenta que es una narración y ya sabes cómo narrar los hechos.

La medida del tiempo

1. Contenidos gramaticales

1 Sustituye las partes subrayadas por un pronombre personal de OD u OI.

1 ● Por lo que veo, me has comprado el billete. ¡Gracias!
▼ Sí, *te lo* compré ayer por internet.

2 ● ¿Cuándo te han instalado el nuevo programa en tu ordenador?
▼ _____ instalaron ayer cuando volví de vacaciones.

3 ● ¿Cómo conociste a tu profesor de informática?
▼ _____ presentó un amigo que también es informático.

4 ● ¿Te ha enseñado a hacer las presentaciones en Power Point?
▼ Sí, _____ enseñó los primeros días de clase.

5 ● Con tu sueldo, ya me podrías regalar un ordenador portátil. Es que lo necesito…
▼ ¡Vale! _____ regalaré para tu cumpleaños.

6 ● Yo, que tengo más tiempo, puedo mirar los precios por internet.
▼ De acuerdo. Míra_____.

2 De compras. Juan y Rafael acaban de llegar a Málaga para participar en un Congreso de Médicos de Familia. La maleta de Juan se ha perdido en el aeropuerto y él necesita comprar ropa para la cena de esta noche. Completa los espacios en blanco con los pronombres del recuadro.

> los • se • las • te • me • la • los • nos • te • los

Dependienta: ¿En qué puedo ayudarle?
Juan: Necesito una camisa blanca, unos pantalones azules y unos zapatos negros.
Dependienta: ¿Qué talla de pantalones tiene?
Juan: Si no recuerdo mal es la 42, o esa era la que tenía la última vez que compré pantalones.
Dependienta: La única que queda es la talla 44, pero tome y (1) pruébe_____.
Juan: No, gracias, sé que la 44 me queda grande. ¡Mira, Rafael! ¿Te gusta esta camisa?
Rafael: A mí me parece que te quedará un poco estrecha y es de manga corta. (2) Deja_____ y busca otra una talla mayor y de manga larga.
Juan: También necesito una corbata.

20 *Nuevo Avance Intermedio*

Rafael: Están justo detrás de ti. (3) Mira_____. Las hay lisas, de rayas, de lunares. Pero yo he traído dos y puedo (4) dejar _____ una.

Juan: ¡Estupendo! Mira estos zapatos..., ¡me gustan! (5) _____ voy a probar.

Rafael: Antes de (6) probár_____, mira el número.

Juan: A ver..., el 40, y yo tengo el 42. ¿Sabes? Las compras me dan dolor de cabeza. (7) Vámo_____ a tomar una tapita y seguimos más tarde.

Rafael: Me parece estupendo. Después seguimos o, si no, yo te dejo algo para esta noche.

3 A Salir de noche. Completa el diálogo siguiente usando una forma del pretérito perfecto, indefinido o imperfecto.

Unos padres comentan la hora de llegada de su hija

Padre: ¿A qué hora (1) (volver) _volvió_ a casa Carmen?

Madre: A las 4:30 de la madrugada.

Padre: Y, ¿dónde (2) (estar, ella) _____? ¿(3) (Hablar, tú) _____ con ella?

Madre: Sí, (4) (comer, nosotras) _____ juntas. Pues... me ha contado que (5) (tomar, ella) _____ una copa con sus amigos y después se (6) (ir, ellos) _____ a una discoteca a bailar.

Padre: Cuando yo (7) (ser) _____ joven, siempre (8) (llegar) _____ a casa temprano y mis hermanas (9) (tener) _____ que llegar antes que yo.

Madre: Es cierto, en nuestra época (10) (volver, nosotros) _____ a esa hora en Nochevieja.

Padre: Sí, y también nos (11) (dejar, ellos) _____ llegar muy tarde cuando (12) (ir, nosotros) _____ a una boda.

Madre: ¡Cuánto ha cambiado la vida!

B Completa el cuadro con las formas verbales del ejercicio anterior.

Pretérito indefinido	Pretérito perfecto	Pretérito imperfecto

3 La medida del tiempo

4 ¿Por qué Julia es una maestra 10?

Julia Resina nunca ha sentido acoso escolar ni estrés. De hecho, sus alumnos y exalumnos la quieren con locura y esto es lo que opinan:

(Fuente: *Magazine El Mundo*. Nº 572. Domingo 12 de septiembre de 2010.)

a Por un error de imprenta, algunos bocadillos se han quedado en blanco. En parejas, tenéis que completarlos. Para hacerlo, observad las formas verbales utilizadas en los bocadillos que no se han perdido y en la edad de la persona que habla.

b En parejas. ¿Qué cualidades debe tener un buen maestro o una buena maestra? Con el paso del tiempo, ¿cómo han cambiado los maestros y las maestras?

c Ahora ponte en el lugar de la señorita Julia. Escribe un comentario sobre tres de las personas que aparecen en la fotografía.

2. Contenidos léxicos

1 Aquí tienes una serie de expresiones donde aparece una prenda de vestir. Elige la respuesta adecuada.

1 Me gusta tu vestido, te queda como un _____.
    guante   zapato   pañuelo

2 Cuando estuve en EE. UU. me encontré con mi exnovio. El mundo es un _____.
    guante   zapato   pañuelo

3 Juan siempre presume de valiente, pero al final se baja los _____ y hace lo que le dicen sus jefes.
    gorro   pantalones   sombrero

4 Cambia de _____ cuando le interesa. No puedes confiar en él.
    chaqueta   vestido   sombrero

22 Nuevo Avance Intermedio

La medida del tiempo 3

2 A **Relaciona las expresiones con su significado.**

1 Bajarse los pantalones.
2 Quedar como un guante.
3 El mundo es un pañuelo.
4 Cambiar de chaqueta.

a Quedar muy bien la ropa.
b El mundo resulta pequeño.
c Acobardarse.
d Cambiar de idea.

B **¿Hay en tu país algunas expresiones parecidas a las del ejercicio anterior?**

C **Escribe un texto breve e intenta usar alguna de las expresiones que has aprendido.**

3 Me voy a Argentina. ¿Qué ropa me llevo?

A **Lee el texto.**

Existe un dicho sueco: «No existe el mal tiempo, solo la ropa inadecuada». Por lo tanto, el tipo de ropa que tienes que escoger depende en gran medida de la época del año y del lugar de Argentina que visites.

Ropa en verano (diciembre - marzo)
Durante el verano el clima de Buenos Aires es muy caluroso durante las 24 horas del día. Tu valija debe contener prendas ligeras y de algodón, remeras y bermudas. Si querés refrescarte en una pileta, llevate también la malla, las ojotas y los anteojos de sol.

Ropa en invierno (julio - septiembre)
En invierno necesitarás un pullover, una campera gruesa, guantes, botas y bufanda, etc.
Las casas y restaurantes argentinos suelen tener sistemas de calefacción de gas, pero también necesitás ropa de abrigo en el interior de muchas de ellas.

Ropa en primavera (septiembre - noviembre) y en otoño (marzo - junio)
Hay que ir preparados para la lluvia, con rompeviento, botas, paraguas y ropa ligera de abrigo.

Ropa para diferentes ocasiones
Los argentinos tienen un punto de elegancia muy especial. Son aficionados a seguir las tendencias de la moda de las grandes capitales del mundo. Siempre que un argentino o una argentina acude a una cita, de trabajo o social, le gusta ir adecuadamente vestido para causar una buena primera impresión. El vestuario más utilizado es el clásico. Traje para los hombres y pollera con blusa o blusa con pantalón para las mujeres, y siempre con elegantes zapatos de tacos. Utilizar un vestuario de corte clásico le puede servir tanto para una cita de negocios como para un evento social.

Nuevo Avance Intermedio 23

3. La medida del tiempo

Subraya los nombres de ropa que aparecen en el texto y emparéjalos con los que se usarían en España.

En España	En Argentina
Falda	
Tacones	
Gafas de sol	
Bañador	
Camiseta	
Chanclas	
Jersey	
Plumas	
Chubasquero	

Añade otras palabras relacionadas con la ropa que conozcas.

B Describe tu ropa favorita para diferentes ocasiones (salir por la noche, estar en casa, hacer deporte...).

C Intercambia las descripciones de tus compañeros/as y compara los gustos en el vestir. Señala las coincidencias y las diferencias.

3. De todo un poco

1 Interactúa.

El tiempo influye en nuestras costumbres y también en nuestra manera de comprar. En parejas, expresad vuestra opinión sobre el siguiente tema: *De compras sin pasar por el probador*. Os damos algunas ideas y un texto.

> ¿Cuáles son las ventajas e inconvenientes de comprar por internet?

> ¿Lo has hecho alguna vez?

> ¿Crees que dentro de diez años las tiendas *on line* habrán sustituido a las tiendas tradicionales?

De compras sin pasar por el probador

La venta de ropa por internet se ha convertido en una moda. Aunque en España éramos terriblemente contrarios a comprar cualquier cosa mediante esta fórmula, especialmente ropa, en 2009 casi dos millones de personas compraron ropa en la Red. Poco a poco, la gente ha ido descubriendo que comprando por internet obtenía un beneficio muy claro: el precio. Además es cómodo, seguro y práctico.

La medida del tiempo **3**

2 Habla.

Elige uno de estos dos temas y haz una presentación ante toda la clase. Tienes unos minutos para prepararte y, cuando ya estés listo/a, exponlo durante tres minutos. Después tus compañeros/as te harán preguntas durante cinco minutos.

A Según las encuestas, los jóvenes españoles e italianos son los que más disfrutan comprando ropa para estar a la moda.

- ¿Qué opinas de la manera de vestir de los jóvenes españoles?
- ¿Crees que a los chicos les interesa tanto la moda como a las chicas?
- ¿Cómo es en tu país?

B Habla sobre los cambios más importantes de tu país en los últimos años. Para ello te sugerimos que busques en internet.

- Los cambios políticos, sociales, tecnológicos, educativos, sanitarios...

3 Escucha. 🎧 5

A Los cambios de España...

1 Escucha el texto con atención y toma nota de los siguientes temas:
   a ¿Cuáles eran los problemas que más preocupaban a los españoles?
   b ¿Qué quería la gente?
   c ¿Qué deseaban los estudiantes?
   d ¿Cómo era el modelo tradicional de familia?
   e ¿Cuál era el deporte favorito?

2 Compara y comenta tus notas con las de tus compañero/as.

3 Ahora, lee la transcripción para completar la información que tienes.

4 En grupos por nacionalidades, completad la siguiente tabla. Para ello, te sugerimos que busques información en internet.

Cómo eran los españoles en 1975	Cómo era la gente de tu país en 1975

Nuevo Avance Intermedio 25

3 La medida del tiempo

B En el bar con Antonio García.

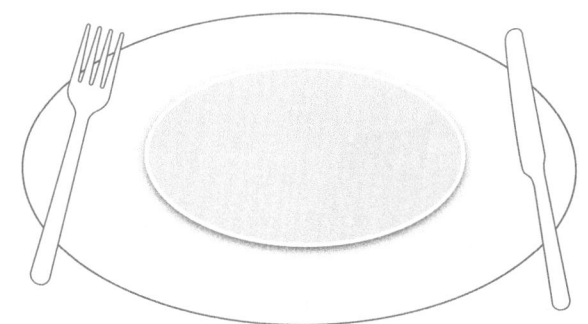

1 Antes de escuchar.

En grupos, expresad vuestra opinión sobre los bares en España.

● *En España hay muchos bares y la gente se queda allí hasta la madrugada. Los bares están muy sucios...*

2 Después de escuchar.

a Di qué se podía hacer en el bar de Antonio.
b Escribe qué diferencias hay entre el bar de Antonio y el bar de copas de su nieto.
c ¿Después de escuchar el texto, ¿has cambiado tu opinión sobre los bares? ¿Son todos los bares iguales?
d Por último, cuenta a tus compañeros/as las semejanzas y diferencias entre los bares de tu país y los bares de España.

4 Lee.

1 Antes de leer.

a ¿Has oído hablar del reloj de la Puerta del Sol de Madrid?
b ¿Sabes qué sucede cada Nochevieja delante de este reloj?
c ¿Qué crees que vas a encontrar al leer este texto?

2 Después de leer.

a ¿Por qué es el reloj más famoso y televisado de España?
b ¿Quién lo construyó, cuándo y dónde?
c ¿De dónde viene el nombre de Puerta del Sol?
d ¿Qué otros relojes famosos conoces?
e ¿Existe en tu país una celebración asociada a un lugar? ¿Puedes contarla?

Sin lugar a dudas, el reloj más famoso de España es el reloj de la Puerta del Sol, situado en la torre del antiguo edificio de Correos, actual sede de la Comunidad de Madrid. El 6 de noviembre de 1866, el prestigioso relojero que vivía en Londres, José Rodríguez Losada, regaló este reloj al pueblo de Madrid como muestra de admiración a la reina Isabel II.

Este reloj es un símbolo para los españoles porque ha sido testigo de múltiples acontecimientos de la vida de España. El 31 de diciembre de cada año este reloj es el gran protagonista. Miles de madrileños y visitantes se reúnen delante del reloj, en la plaza de la Puerta del Sol, para despedir al Año Viejo y celebrar la llegada del Año Nuevo. Este momento se conoce como «las doce campanadas». Con cada una de ellas se debe tomar una uva.

La tradición de tomar las doce uvas el 31 de diciembre empezó a principios del siglo xx, cuando en el año 1909, un grupo de viticultores alicantinos que no sabían qué hacer con el excedente de la cosecha, pensaron en darle salida pregonando que consumir uvas el día de Nochevieja daba buena suerte para el siguiente año.

Las campanadas se televisaron por primera vez en diciembre de 1962, y desde ese momento nunca se han dejado de retransmitir.

Los maestros relojeros de «Casa Losada» son los encargados del mantenimiento del reloj más televisado de España y los responsables de que cada Nochevieja todo funcione a la perfección.

La Puerta del Sol es uno de los lugares más conocidos de Madrid. Además de su famoso reloj, también se encuentra una placa en el suelo con la inscripción «kilómetro cero», desde donde salen todas las carreteras radiales de España. Se llama Puerta del Sol porque en el siglo xv era una de las entradas a Madrid y tenía un sol.

3 La medida del tiempo

5 Escribe.

1 Lee el *blog* de Marcelo y la opinión que aparece en él.

> Marcelo Arroyo en su *blog* ha comentado lo siguiente sobre las becas de Erasmus:
>
> ### ESPAÑA DESTINO DE MODA PARA LOS ESTUDIANTES DE ERASMUS
> Este año España ha sido el país preferido por los estudiantes de Erasmus, y Granada la ciudad favorita. Por eso, ante estos datos, es inevitable preguntarse cuál es la motivación que lleva a miles de jóvenes a un lugar como España. Esta tendencia, ¿responderá a una simple moda?
> El paso por la universidad va más allá de las clases porque fuera de las aulas se generan nuevas redes de contactos personales y las primeras experiencias verdaderamente adultas. Todo cobra mucha más importancia si has dejado atrás tu casa, el calor del hogar y el afecto de los tuyos. Por eso, imagino que cuando alguien decide pasar una larga temporada en otro país, uno de los elementos que más valorará será que ese lugar le reciba con los brazos abiertos.
>
> Así que una de las cosas que más atrae de España es el carácter abierto y amable de los españoles. Pero en este país no solo tenemos sol, paella, fiesta, toros..., sino también una cultura muy rica, que también merece la pena conocer.
>
> **@quevedo dijo:**
> En España se come bien, se vive bien y, según dónde, hace buen tiempo la mayor parte del año. Pienso que su gente es amable y que es un país muy ordenado, con un excelente sistema de transportes. También es más económico que otros países de Europa, por eso es IDEAL para los estudiantes europeos. Para nosotros, los latinos, también es ideal porque no tenemos problemas con el idioma, así que es una excelente alternativa. Lo que sí es un poco difícil es el tema económico, por eso hay que aprovechar las becas. En conclusión, si tienes interés, puedes ir a estudiar a España con una beca Erasmus.

2 Escribe tu *post* o comentario sobre este tema con argumentos a favor o en contra. Para argumentar tu opinión tienes que usar los recursos que ya conoces. (Página 47 de *Nuevo Avance Intermedio*).

| INICIO | | SUSCRIBE: POST | COMENTARIOS |

4 Vamos a contar historias

1. Contenidos gramaticales

1 **A Completa el texto, donde Jorge nos cuenta cómo conoció a Estrella, con una forma correcta del pasado.**

Todo (1) (empezar) *empezó* en un bonito pueblo de la Costa del Sol llamado Fuengirola. Cada verano, mi familia (2) (trasladarse) _____ allí para pasar el mes de julio. Yo (3) (sacar) _____ en Selectividad la nota suficiente para estudiar Medicina, que siempre había sido mi sueño, y me sentía feliz porque (4) (presentir) _____ que ese verano iba a ser especial. Y así fue. Una noche en la que mis amigos y yo (5) (buscar) _____ un chiringuito en el Paseo Marítimo, en uno de los tenderetes de artesanía (6) (ver) _____ a una chica que (7) (ser) _____ guapísima. Me (8) (atraer) _____ desde el primer momento. Me acerqué para preguntarle por unas pulseras y (9) (empezar, nosotros) _____ a hablar. Nunca (10) (sentir) _____ nada igual con nadie. Cada noche me (11) (acercar) _____ a su tenderete. Me dijo que se llamaba Estrella, que era de Uruguay y que llevaba varios años viviendo en Fuengirola. Nos (12) (hacer) _____ amigos. Durante el día quedábamos en la playa y juntos nos (13) (divertirse) _____, nos reíamos. El mes de julio se acababa y pronto tendría que dejar a Estrella y volver a Madrid. Cuando (14) (llegar) _____ a Madrid, no podía soportar el dolor de su ausencia. No podía olvidar el brillo de sus ojos, su pelo rubio y largo, su cuerpo, su sonrisa... No miento al decir que (15) (pensar) _____ en ella de día y de noche, que no podía dormir. La llamaba cada día, le enviaba *sms* pero no me (16) (contestar) _____. No podía seguir así y (17) (decidir) _____ ir a verla. Pero mi Estrella (18) (volver) _____ a Uruguay para estudiar Periodismo en la Universidad de Montevideo. ¿Por qué se (19) (ir, ella) _____ sin decirme nada? Lo pensé seriamente y decidí ir a buscarla. Desde entonces han pasado tres años. Los dos seguimos estudiando y trabajando en nuestra propia tienda de artesanía. Y aquí en Uruguay (20) (conseguir, nosotros) _____ ser felices.

B Contesta.

a ¿Sabes cómo se conocieron tus padres? ¿Quieres contárselo a la clase?
Si no lo sabes, inventa su primer encuentro.
b Ahora, cuéntanos cómo conociste a tu pareja o a tu mejor amigo o amiga.

2 **A Une las siguientes oraciones. Recuerda que tienes que usar el pretérito pluscuamperfecto para expresar una acción pasada anterior a otra también pasada.**

1 María conoce a Paco en 1985. Paco se divorcia.
   Cuando María conoció a Paco en 1985, él ya se había divorciado.

Vamos a contar historias 4

2 La policía llega a los grandes almacenes. Los ladrones huyen.
_____.

3 Llego al aeropuerto. El avión despega.
_____.

4 Picasso pinta *El Guernica*. Todavía no termina la Guerra Civil Española.
_____.

5 Los españoles votan la Constitución de 1978. Tres años antes, Juan Carlos I es proclamado rey de España.
_____.

6 Yo nazco en 1996. En España se aprueba la Ley del Divorcio durante el gobierno de Felipe González.
_____.

B Contesta a las siguientes preguntas.
  a ¿Cuánto duró la Guerra Civil Española?
  b ¿Cuándo se aprobó la Ley del Divorcio en España?
  c ¿En qué año se aprobó la Ley del Aborto en España?
  d ¿En qué año fue proclamado Juan Carlos I rey de España?

Puedes buscar información en internet:
http://www.elpais.com/articulo/portada/ley/Divorcio
http://www.rtve.es/noticias/20080904/tres-supuestos-ley-del-aborto
http://www.afinet.eu

3 A Cada verbo con su pareja. En esta sopa de verbos hay siete en pretérito indefinido y siete en pretérito imperfecto. Búscalos.

H	O	D	I	O	V	Ñ	J	O	H	A	B	L	A	R	O	N	K	R	Q
A	K	C	C	I	U	H	B	F	Y	E	M	G	H	U	P	M	H	F	D
Í	D	H	Y	E	I	Y	X	G	G	R	O	M	D	V	C	T	S	Z	E
U	J	W	E	X	W	U	M	U	Z	J	P	E	N	T	O	M	D	P	S
R	J	G	J	K	I	C	O	N	O	C	Í	U	F	I	M	D	A	A	T
T	N	F	X	A	H	F	N	Q	E	R	E	O	F	X	P	V	B	N	R
S	Z	X	Z	Z	K	Y	M	S	Z	Ñ	R	J	A	S	R	L	A	O	U
N	T	T	Y	O	C	I	D	Z	A	K	G	V	J	N	A	Q	M	S	Y
O	S	A	Í	C	O	N	O	C	S	E	D	O	L	D	R	K	O	Z	Ó
C	U	F	O	C	Z	G	T	I	F	F	R	H	K	O	O	U	S	C	Q
E	M	F	M	L	**V**	**E**	**N**	**Í**	**A**	**S**	M	F	T	K	N	H	K	Y	N
A	P	A	I	T	C	Z	U	E	C	Q	I	Y	Z	D	V	M	S	C	U
P	E	G	D	E	P	H	N	D	M	M	G	Z	D	M	B	V	D	H	I
B	D	W	J	A	C	T	V	E	N	D	I	A	N	J	Q	Z	Q	E	R
Y	I	B	M	R	L	M	Y	W	Ñ	X	I	N	J	P	Ñ	H	L	F	T
G	M	U	C	U	V	I	N	I	S	T	E	A	G	J	M	J	V	Q	O
S	O	Ñ	W	Z	O	G	X	N	M	B	H	L	J	I	Z	A	A	L	T
W	S	X	F	D	A	F	T	F	Y	T	Z	G	A	Í	R	E	U	Q	V
P	B	S	B	T	J	N	Q	J	J	U	J	F	K	G	H	S	R	W	P
O	P	J	A	D	Q	L	N	A	B	A	L	L	A	C	C	Y	O	Z	N

Vamos a contar historias

B **Completa con las formas verbales de la sopa de letras.**

1 Odiar, él: _____.
2 Destruir, él: _____.
3 Conocer, yo: _____.
4 Comprar, ellos: _____.
5 Pedir, nosotros: _____.
6 Venir, tú: _____.
7 Hablar, ellos: _____.
8 Construir, él: _____.
9 Querer, él: _____.
10 Vender, ellos: _____.
11 Desconocer, yo: _____.
12 Callar, ellos: _____.
13 Dar, nosotros: _____.
14 Venir, tú: _____.

C **Cada verbo tiene su contrario. Únelos.**

D **¿Qué verbo no tiene pareja?**

E **En parejas. Escribe siete frases en las que aparezcan verbos de la sopa de letras. Tu compañero/a utilizará los siete contrarios.**

4 Ortografía.

A **Escribe las palabras cambiando la Z por la C cuando sea necesario, de manera que estén correctas.**

1 Zena   3 Ziudad   5 Zielo   7 ZereZas   9 ZoraZón
2 VeZino 4 ZerveZa   6 OnZe   8 QuinZe   10 Zoo

B **Escribe G o J en los espacios en blanco.**

1 ___irafa	6 ___ueza	11 Ele___ir	16 ___arra
2 Cone___o	7 ___ardinero	12 Relo___ero	17 Brú___ula
3 Via___ar	8 ___ato	13 Ba___ar	18 ___uguete
4 Bande___a	9 ___asa	14 A___enda	19 Ca___ita
5 Ti___eras	10 Prote___er	15 In___eniero	20 Ca___era

C **Clasifica las palabras del ejercicio anterior.**

Objetos	Animales	Profesiones	Verbos

Vamos a contar historias — 4

2. Contenidos léxicos

1 Utiliza diferentes colores y el vocabulario aprendido sobre el paisaje de la página 58 del libro *Nuevo Avance Intermedio* para describir las estaciones del año en tu ciudad.

● *Vivo en Cancún. En verano el cielo está muy azul y nos bañamos en el mar aprovechando la brisa porque hace mucho calor...*

Primavera _____.

Verano _____.

Otoño _____.

Invierno _____.

3. De todo un poco

1 Interactúa.

A Anuncio.

1 Con tu compañero/a leed el siguiente anuncio.

> **QUIERO IRME DE PUENTE** con mis amigos, pero mi novia no quiere ir a comer sola el sábado a casa de sus padres. Necesito a un chico guapo, alto y simpático para el sábado 26 de octubre. Mi novia es muy atractiva: ojos grandes, pelo negro y una sonrisa preciosa.
> Le encanta la música e ir al cine. Su madre cocina muy bien.
> Para ponerte en contacto conmigo, escribe a: Jr95@hotmail.com

2 En parejas, contestad al anuncio.

3 Luego, elegid entre todos al mejor novio. ¡Suerte!

B Una noche de tormenta.

1 Usted está conduciendo su automóvil en una noche de tormenta terrible.
   Pasa por una parada de autobús donde se encuentran tres personas esperando:
   1 Una anciana que parece a punto de morir.
   2 Un viejo amigo que le salvó la vida una vez.
   3 El hombre perfecto o la mujer de sus sueños.
      Solo tiene sitio para un pasajero. ¿A cuál de ellos subiría en el coche?

Vamos a contar historias

2 Te toca.

  a En parejas, buscad la solución más adecuada.

  b Por último, comentad en grupo por qué habéis elegido a esa persona y no a otra.

  c Busca la respuesta en las soluciones de la unidad.

C El buscador.

1 Con tu compañero/a, lee la siguiente historia y, juntos, imaginad un final.

Un buscador es alguien que busca; no alguien que encuentra. Tampoco es alguien que, necesariamente, sabe qué es lo que está buscando. Es simplemente alguien para quien su vida es una búsqueda.

Un día, el buscador sintió que debía ir hacia la ciudad de Kammir. Después de dos días de marcha por los caminos, la vio a lo lejos. Un poco antes de llegar, se fijó en una colina que estaba a la derecha del camino. Era verde y había muchos árboles, pájaros y flores. Alrededor había una pequeña valla de madera. De pronto, olvidó que iba a Kammir y deseó descansar por un momento en aquel lugar. El buscador empezó a caminar lentamente entre piedras blancas y árboles. Sus ojos eran los de un buscador, y quizá por eso descubrió aquella inscripción sobre una de las piedras: «Abdul Tareg vivió ocho años, seis meses, dos semanas y tres días». Se emocionó un poco al darse cuenta de que aquella piedra no era simplemente una piedra: era una lápida. Sintió pena al pensar en el niño.

Mirando a su alrededor, el hombre se dio cuenta de que la piedra de al lado también tenía una inscripción. Se acercó a leerla. Decía: «Yamir Kalib vivió cinco años, ocho meses y tres semanas». El buscador se sintió terriblemente conmocionado. Aquel hermoso lugar era un cementerio y cada piedra era una tumba. Una por una, empezó a leer las lápidas. Todas tenían inscripciones similares: un nombre y el tiempo de vida exacto del muerto. Triste, muy triste, se sentó y se puso a llorar. El cuidador del cementerio pasaba por allí y se acercó. Se quedó junto a él durante un rato en silencio y luego le preguntó si lloraba por algún familiar.

– No, por ningún familiar -dijo el buscador. ¿Qué pasa aquí? ¿Qué cosa tan terrible hay en esta ciudad? ¿Por qué hay tantos niños muertos enterrados en este lugar? ¿Hay una maldición?

2 Comparad las diferentes versiones y comentadlas.

3 Por último, escuchad el final del cuento y expresad vuestra opinión. [7]

Vamos a contar historias

2 Habla.

A Blancanieves no tiene la culpa.

Haz una presentación sobre el siguiente tema ante toda la clase. Tienes unos minutos para prepararte y, cuando ya estés listo/a, exponlo durante tres minutos.

Lee el *blog* de Rauxa y expresa tu opinión sobre si se deberían suprimir algunos cuentos populares por considerarlos sexistas. Después, se puede hacer un debate en clase para contrastar todas las opiniones. Recordad los recursos para expresar opiniones: *Creo que, a mí me parece que, no sé qué decirte...*

> Soy mujer y me considero razonablemente feminista, o mejor dicho (no me gusta lo de feminista), creo firmemente en la igualdad de oportunidades entre hombres y mujeres, pero también creo que el camino que hay que seguir no pasa por la prohibición de unos cuentos populares por considerarlos sexistas.
> Es cierto que el tratamiento que se da a la mujer en historias como la de *Blancanieves, Cenicienta, Caperucita* y muchas otras es claramente discriminatorio, pero responde al modelo social de la época en que fueron escritas.
> Prohibir no es el camino. El camino es educar en la igualdad y en el respeto mutuo, y esta tarea corresponde a padres y profesores, pero fundamentalmente a los padres y a las madres.
> Por tanto, estoy a favor de estos cuentos y me río de la influencia que estos puedan tener en los niños.
>
> *(http://rauxa.blogueria.org/2010/04/13/blancanieves-no-tiene-la-culpa/)*

B 1 Mira esta historieta y cuenta a tus compañeros/as tu versión de la historia. Debes explicar:

a Nombre de la mujer y del hombre.
b A qué se dedica la mujer y el hombre.
c Cómo es ella y él.
d Desde cuándo se conocen.
e Qué relación hay entre ellos.
f Hay un conflicto entre ellos.
  ¿Qué puede pasarles?
g Resuelve el conflicto.

2 Luego comparad las diferentes versiones y votad el final más original.

© Sergio Meliá

3 Escucha.

A Las anécdotas de un genio.

1 Antes de escuchar.
  a ¿Qué sabes de Picasso?
  b ¿Conoces algún cuadro de este famoso pintor?

2 Después de escuchar.

a ¿Dónde estaba Picasso?
1 En un restaurante.
2 En casa de unos amigos.
3 En su casa.

b ¿Cómo pagó la cuenta?
1 Con tarjeta de crédito.
2 Pintó un dibujo en el mantel.
3 Pagaron unos amigos.

c ¿Por qué no quiso firmar el dibujo?

d ¿Qué le preguntó la mujer a Picasso?

B Preparando un viaje a Venezuela.

1 Antes de escuchar.

Busca en internet información sobre los lugares más visitados de Venezuela y la comida típica. *http://www.guia.com.ve/turismo/*

2 Después de escuchar.

a ¿Qué recursos utiliza Elena para preguntar?
b ¿Qué lugares le recomienda Alejandro a Elena? ¿Qué recursos utiliza Alejandro para expresar su opinión?
c ¿Coinciden los lugares que Alejandro le recomienda a Elena con los que tú has encontrado en internet?
d Con tu compañero/a, haced una ruta por Venezuela y elegid qué lugares os gustaría visitar y explicad por qué.

4 Lee.

Un problema en el ordenador ha mezclado todas las noticias. Léelas atentamente y ordénalas debajo del titular que le corresponde a cada una.

a Por otro lado, los gallegos y los valencianos son los que tienen el sueldo más bajo, alrededor de 1600 euros.

b Una campana de la catedral del Burgo de Osma (Soria) se ha caído desde la torre barroca al suelo, desde unos cincuenta metros de altura. Los hechos ocurrieron minutos antes del inicio de la procesión en honor del patrono de la Diócesis, San Pedro de Osma. No ha habido ningún herido.

Vamos a contar historias

c El suceso se ha producido hacia las 8:45. Al lugar se han desplazado agentes de la Policía Municipal, Bomberos del Ayuntamiento de Madrid y sanitarios del SAMUR*. Protección Civil ha instalado un hospital de campaña para atender a los heridos.

d Los madrileños, con un sueldo de 2160 euros mensuales, son los que más dinero ganan de España.

e Al parecer, el conductor de un vehículo, que circulaba por la calle de Ribera de Curtidores ha arrollado a varias personas hasta que ha chocado contra una farola.

f Según el portavoz de Emergencias Madrid, trece personas han resultado heridas, once de ellas, con heridas leves, han sido atendidas en el lugar del suceso.

g El suceso se ha producido cuando las campanas tocaban para convocar a los fieles a asistir a la misa.

h Los otros dos heridos son el conductor del vehículo, un hombre de unos 50 años que ha resultado «menos grave», y un hombre de 81 años que ha sufrido varios traumatismos y se encuentra en estado grave.

i Entonces, sobre las 11:40, una de ellas ha caído y ha originado un gran ruido al chocar contra el suelo.

j Superan así la media nacional, que se encuentra actualmente en los 1850 euros. País Vasco y Cataluña les siguen de cerca.

* SAMUR: Servicio de Asistencia Municipal de Urgencia y Rescate.

1 Un conductor atropella a trece peatones en una calle de Madrid.

2 Se cae la campana de la catedral del Burgo de Osma (Soria).

3 Los madrileños tienen el salario más alto de España.

5 Escribe.

1 Lee el principio de esta historia e intenta continuarla. Y recuerda: estamos estudiando los pasados.

Había una vez una familia que tenía solo un hijo. Vivían en una casa pequeña, así que decidieron mudarse. Cuando se cambiaron, llegaron a «la casa de los fantasmas», pero ellos no se habían dado cuenta. La primera noche que pasaron en esta casa oyeron cómo se rompía un vaso, pero no vieron nada. Otro día, en su dormitorio, se cayó una lámpara, pero tampoco encontraron nada y pensaron que no estaría bien sujeta al techo.

En realidad sí que había fantasmas en aquella casa y hacían todo eso para echar a la familia, pero ellos siempre creían que era solo el viento, porque dejaban abiertas las ventanas. Una noche, cuando todos estaban durmiendo, los fantasmas se llevaron al niño.
A la mañana siguiente, los padres empezaron a buscarlo por todos lados y no lo encontraban. Los fantasmas se lo habían llevado...

2 En parejas, escribid un final; ponedlo en común y elegid el más original.

Nuevo Avance Intermedio

5. Los espectáculos

1. Contenidos gramaticales

1 **A** Completa la tabla siguiente para asegurarte de lo que sabes.

Infinitivo	Presente de indicativo	Presente de subjuntivo
	Encontramos	
	Sigue	
	Ponen	
	Dan	
		Habléis
		Tenga
	Hago	

B *Hay* es la forma verbal de presente de indicativo del verbo *haber*, ¿cómo es en presente de subjuntivo?

C Escribe un texto breve usando los verbos del ejercicio anterior. Para ayudarte puedes pensar en cosas que te gustan y te molestan. Puedes seguir el modelo del Pretexto del Libro del alumno.

2 **A** Completa la siguiente carta con los verbos que están en paréntesis. Usa solo el presente del subjuntivo.

> Málaga, 11 de enero de 2011
>
> Estimado señor director:
>
> Por medio de esta sección de Cartas al Director, quiero expresar mi gratitud y reconocimiento tanto al personal como a los directivos del Hospital Carlos Haya de Málaga.
>
> En primer lugar, me encanta que (1) (haber) *haya* un hospital público en la Costa del Sol tan bien equipado de medios técnicos y que al llegar (2) (encontrar, nosotros) _____ un equipo médico tan profesional y competente. Espero que (3) (seguir, ustedes) _____ siempre en esta línea de buena acogida, atención y magnífico trabajo.

Me alegro de que (4) (poner, ustedes) _____ todas las indicaciones y letreros en castellano e inglés, para que, así, algunos extranjeros (5) (poder, nosotros) _____ encontrar el lugar que buscamos.

Me gusta que los médicos me (6) (hablar) _____ en mi lengua materna, aunque no siempre sea posible, y todavía me gusta más que los traductores voluntarios (7) (acompañar) _____ a los pacientes extranjeros.

Pero no todo es perfecto. No me gusta que en algunos lugares de España no se (8) (construir) _____ más aparcamientos cerca de los hospitales.

Una cosa que me molesta es que los familiares de los pacientes o estos mismos (9) (dar) _____ vueltas y más vueltas para encontrar una plaza de aparcamiento.

Lo que sí recomiendo a todo el mundo, y especialmente a la colonia de extranjeros, es que no (10) (tener) _____ ninguna duda ni temor a la hora de acudir al hospital.

Atentamente,

Terry Smith

B Contesta a estas preguntas.

a ¿Por qué escribe Terry Smith esta carta?

b ¿De qué se queja? ¿Qué elogia?

c Cuenta a tus compañeros/as cómo son los hospitales en tu país.

3 A Completa el siguiente texto con la forma correcta del presente de subjuntivo.

Participa en el *blog*. ¿Qué cualidades quieres que tengan tus amigos/as?

Cada amigo es una joya que siempre nos abrirá su corazón, pero nosotros también tenemos que demostrar que somos buenos amigos. Es fácil querer tener un amigo/a, es más difícil serlo.

QUIERO que mis amigos:

1 Me (1) (defender) _____ cuando otros (2) (hablar) _____ mal de mí.
2 Que me (3) (ayudar) _____ a sonreír y me (4) (acompañar) _____ cuando esté triste.
3 Que lo (5) (hacer) _____ todo por mí, sin esperar nada a cambio.
4 Que me (6) (aceptar) _____ como soy, sin intentar cambiarme.
5 Que me (7) (escuchar) _____ de verdad, sin interrumpir, bostezar o criticar.
6 Que (8) (ser) _____ generosos con besos, abrazos, favores… sin esperar recompensa.
7 Que me (9) (respetar) _____ y que jamás le (10) (contar) _____ a nadie lo que les he confiado.

B Escribe tu comentario.

5. Los espectáculos

4 Ortografía.

A **Acentúa las palabras en el texto siguiente de Chayanne, si es necesario. Después escúchalo.**

El lado mas humano.

Positivo, optimista, pero sobre todo, sencillo. Asi es Chayanne, cantante, actor y bailarin, y una de las estrellas latinas mas importantes a nivel mundial. Su filosofia de vida es muy clara: *Mirar siempre hacia adelante*. Mas de treinta años dedicado a la musica y con un total de veintidos discos grabados.
Pero Chayanne es, ante todo, una persona sencilla, humilde, que dia a dia se esfuerza por compaginar su trabajo con su vida familiar, sus dos mayores tesoros. Entre sus planes futuros, se encuentra volver a la interpretacion, pues para el ha sido una experiencia muy enriquecedora que desea repetir. Por el momento, Chayanne esta centrado en la gira internacional de presentacion de su ultimo disco:

No hay imposibles, que lo llevara por Estados Unidos, Latinoamerica y Europa. Ademas de cantante, actor, padre y marido, Chayanne es tambien una persona comprometida a nivel social; a lo largo de su trayectoria profesional se ha distinguido por luchar activamente contra el cancer o por participar en campañas de caracter humanitario en ayuda a los mas desfavorecidos.

(Si quieres más información de Chayanne, consulta su página oficial: *www.chayanne.com* de donde hemos sacado el texto anterior.)

B **Escribe en singular las palabras que estén en plural, y al revés, en plural las que estén en singular.**

1 Leones: _____
2 Balones: _____
3 Lápiz: _____
4 Joven: _____
5 Examen: _____
6 Inglés: _____
7 Plátanos: _____
8 Espectáculo: _____
9 Móviles: _____
10 Fácil: _____

C **Pon la tilde en el monosílabo que lo necesite. Consulta las páginas 70-71 de *Nuevo Avance Intermedio*.**

1 No se si el lo hizo a propósito.
2 Quiero saber si te dijo que si a ti.
3 A el no le gusta el café, pero a mi si.
4 Creo que le gusta el te.
5 Tal vez me de el regalo en su casa.
6 Se simpático con tus profesores.

2. Contenidos léxicos

1 A **Las siguientes palabras forman parte, como sabes, del mundo del espectáculo:**
taquilla, cartelera, actor, pantalla, directora, telón, cola, escenario, butaca y *entrada*.
Defínelas con tus propias palabras.

Los espectáculos

5

1 _____
2 _____
3 _____
4 _____
5 _____
6 _____
7 _____
8 _____
9 _____
10 _____

B Busca las palabras que aparecen en la cinta.

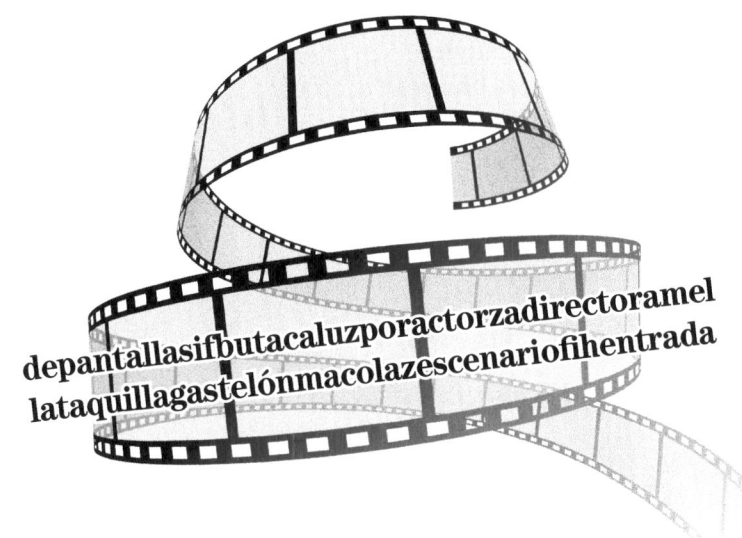

depantallasifbutacaluzporactorzadirectoramel
lataquillagastelónmacolazescenariofihentrada

C Escribe un breve texto con las palabras del ejercicio anterior.

Si quieres, puedes empezarlo así:
Desde que el vídeo y, años más tarde, internet se metieron en los hogares, el cine...

2 **A** Completa los espacios en blanco con las palabras del recuadro.

película • director • nominada • taquillera • lengua no inglesa • versión original • actor

Amores perros es una (1) *película* mexicana del año 2000. Lanzó a la fama al (2) _____ Alejandro González Iñárritu y al (3) _____ Gael García Bernal. El argumento narra tres historias que se interrelacionan a causa de un accidente automovilístico. Los personajes tienen elementos comunes: sufren pérdidas, muestran arrepentimientos, viven crueles realidades de la vida, y todos tienen uno o varios perros en sus respectivas historias.

Estuvo, además, (4) _____ al Óscar como mejor película en (5) _____. Recaudó en total 95 millones de pesos, convirtiéndose así en la quinta película mexicana más (6) _____.
Para escuchar el acento y las expresiones idiomáticas de la región central del país mexicano, es mejor verla en (7) _____.

B Escribe una sinopsis tan breve como esta de una película que te guste.

Nuevo Avance Intermedio 39

5 Los espectáculos

3. De todo un poco

1 Interactúa.

A Quiero bailar.

1 En grupos, averiguad a cuántos compañeros/as les gusta bailar y opinad sobre las siguientes afirmaciones:

a El baile sirve para relacionarse con otras personas.
b El baile nos ayuda a mantenernos en forma.
c El baile sirve para animarnos y luchar contra el estrés.

Añadid otras ideas positivas o negativas sobre el baile.

2 En parejas, relacionad estos países: **Cuba, España, República Dominicana, Argentina, Colombia** con los siguientes bailes del anuncio. Si es necesario, buscad información en internet: *http://es.wikipedia.org/wiki/Bachata*.

¡A BAILAR!
Tango, bachata, merengue, vallenato, salsa y sevillanas

INFORMACIÓN Y CONSULTAS: escueladebaile@hotmail.com

3 En parejas, ordenad los bailes según vuestro interés y añadid alguno más.

4 Elegid dos bailes que os gustaría aprender y explicad por qué.

5 Explica a la clase cómo es el baile típico de tu país y, si te atreves, báilalo.

B Haz una lista de seis cosas que no te gustan del mundo. Tu compañero/a hará otra con seis que le gustan. Comentad en qué coincidís y en qué no. Recuerda:

Si hay convergencia:
● *Me gusta.*
▼ *A mí también.*

● *No me gusta.*
▼ *A mí tampoco.*

Si hay divergencia:
● *Me gusta.*
▼ *A mí no.*

● *No me gusta.*
▼ *A mí sí.*

Los espectáculos

2 Habla.

Elige uno de estos dos temas y haz una presentación ante toda la clase. Tienes unos minutos para prepararte y, cuando ya estés listo/a, exponlo durante tres minutos. Después, tus compañeros/as (y tu profesor/a si así lo desea) te harán preguntas.

A El circo del futuro es el circo sin animales.

> En los circos se maltrata a los animales. Los animales encerrados en jaulas se vuelven locos, por el dolor, el estrés, la soledad...

> El circo debe ser color, luz, sonido y, sobre todo, grandes artistas. Un buen circo no necesita a los animales para triunfar, como el Circo del Sol.

B Los musicales en teatro.

- ¿Por qué crees que tienen tanto éxito entre el público de todas las edades?
- ¿Has visto alguno en tu vida? Habla sobre ello. Si no has visto ninguno, busca información, por ejemplo sobre *Hoy no me puedo levantar* o *El rey León* y preséntala en clase.

3 Escucha.

A Invitaciones. 11

1 En el siguiente diálogo se proponen planes.

a ¿Quiénes son los personajes que hablan?
b ¿Dónde están?
c ¿Cuántas invitaciones se aceptan y cuántas se rechazan?
d ¿Qué recursos utilizan para aceptar o rechazar las invitaciones?

2 Ahora te toca a ti.

a Quieres ir a una academia de baile para aprender bailes latinos, pero no quieres ir solo/a. Propónselo a un amigo/a.
b Te han propuesto que vayas a una academia para aprender bailes latinos y como no te apetece, tienes que rechazar la propuesta, pero no quieres que se enfade tu amigo/a.

5 Los espectáculos

4 Lee.

1 Antes de leer.

a ¿Qué te sugieren estos dibujos?
b ¿Qué relación pueden tener los dibujos con el texto que vas a leer?

2 Después de leer.

1 Habla.

a Señala las diferencias entre tus hipótesis iniciales y la lectura del texto.
b ¿Qué opinas de los conciertos en familia?

2 Escribe.

a Un título para el artículo.
b Un breve resumen sobre el contenido del texto.

Fernando Argenta dirigirá mañana en el Teatro Cervantes un 'Concierto en familia' en el que participará la Orquesta Filarmónica de Málaga.

TEXTO: ALICIA CASTRILLO

«BEETHOVEN también fue un niño, y eso hay que explicárselo a los niños en las escuelas. Esto es algo que el profesorado debería enseñarles a los pequeños, y al mismo tiempo transmitirles el amor hacia la música para que se sientan atraídos por ella». Son las palabras que pronunció ayer en Málaga Fernando Argenta.

Argenta dirigirá mañana domingo un 'Concierto en familia' en el Teatro Cervantes en el que intervendrá la Orquesta Filarmónica de Málaga bajo la dirección de Pascual Osa.

Se trata de un concierto en el que la interactividad es esencial, porque durante el mismo, Argenta hará subir al escenario a niños y niñas. «Los padres tampoco estarán libres de ser llamados, algo que sorprende y hace reír a los más pequeños».

Fernando Argenta lleva más de veinte años haciendo conciertos para niños. Al respecto indicó ayer: «Cuando empecé no había nada semejante y, en la actualidad, hay que seguir luchando, porque es muy difícil competir con la *Play Station*».

Argenta subrayó la importancia de la música clásica, porque «tiene mucho que ver con el civismo y con el medioambiente, ya que hace que la sensibilidad aumente en todos los sentidos. De hecho, los países cultos son más libres y prósperos». Asimismo, Argenta argumentó: «La música clásica está mucho más presente en nuestra vida de lo que creemos, y para ello no hay más que preguntarle a un niño si ha escuchado el himno de la Liga de Campeones de Fútbol, que es de Haendel». En el concierto de mañana los asistentes escucharán y se divertirán con piezas como *Carmen* de Bizet, *Guillermo Tell* de Rossini o *La Guerra de las Galaxias* de John Williams.

(Fuente: Diario Sur)

5 Escribe.

¿Películas subtituladas o dobladas?

1 Lee lo siguiente.

> **Educación propone no doblar las películas para mejorar en idiomas**
> El ministro de Educación, Ángel Gabilondo, sugirió ayer que se podría establecer un debate sobre si se debe tomar la decisión de no doblar películas porque, si no se doblan, se facilita el aprendizaje de idiomas. «Es evidente que, en los países donde no se doblan las películas, ello incide claramente en el conocimiento de idiomas», dijo Gabilondo.
>
> (Fuente: *http://www.laopinioncoruna.es/*)

> **NoticiasCine**
> **Los dobladores no consideran que el doblaje sea causa del bajo conocimiento de idiomas.**
>
> (Fuente: *http://www.cineytele.com*)

2 Ahora, inicia un hilo de debate sobre el tema del doblaje escribiendo tu opinión para un foro de internet.

| INICIO | | SUSCRIBE: POST | COMENTARIOS |

6. La diversidad es nuestra realidad

1. Contenidos gramaticales

1 A Pon los infinitivos en el tiempo adecuado de indicativo o subjuntivo.

Asunto: Querida María:

Te escribo porque estoy muy preocupada por ti. He oído que estás muy deprimida. Creo que (1) (estar, tú) _estás_ muy nerviosa por el divorcio de tus padres. Es una pena que (2) (separarse) _____ después de tanto tiempo casados y es normal que, como hija, (3) (sentirse) _____ mal.
María, no creo que tu padre (4) (querer) _____ hacerle daño a tu madre ni que (5) (irse) _____ de casa para vivir con otra mujer. Él es muy amigo de mis padres y ellos ya lo sabrían.
Piensa que es normal que las parejas (6) (divorciarse) _____ y es posible que esta nueva situación (7) (ser) _____ difícil para ti. Pero debes entender a tus padres y no debes preocuparlos con tu actitud. Como suele suceder en estos casos, no creo que ellos (8) (volver) _____ a vivir juntos, pero tú sigues siendo su hija y ambos te necesitan.
Es un problema que no (9) (tener, yo) _____ tiempo para ir a visitarte, pero podemos estar en contacto por Facebook. Quiero que te (10) (cuidar) _____ mucho y que te (11) (tranquilizar) _____.
Un abrazo,
Laura

B Ahora piensa si estás de acuerdo con los consejos de Laura. ¿Tú dirías lo mismo? ¿Crees que María tiene razones para estar disgustada por el problema de sus padres? Da argumentos a favor y en contra.

2 A Clasifica estas formas verbales en el siguiente cuadro.

> come • sabéis • conozcas • leamos • conoces • leemos
> coma • sepáis • sienten • sientan

Presente de indicativo	Presente de subjuntivo

La diversidad es nuestra realidad — 6

B Con tu compañero/a, escribe una oración con los verbos del ejercicio anterior. Después él/ella te contestará en forma negativa. Finalmente, razonad vuestras respuestas. Utiliza los siguientes recursos: *(no) creo que; (no) es cierto que; (no) es verdad; (no) está demostrado; (no) está claro.*

- *Creo que los españoles comen muy bien porque consumen mucha verdura, fruta y pescado. // Pues yo no creo que los españoles coman muy bien porque toman muchos alimentos fritos y demasiados embutidos.*

3 Elige con tu compañero/a la preposición adecuada (puedes consultar la página 84 de *Nuevo Avance Intermedio*).

1 ● ¿Cuánto tiempo llevas trabajando aquí?
  ▼ Estoy trabajando en esta empresa *de/desde/hasta* 2004 y continuaré trabajando *a/hacia/hasta* que me jubile.

2 ● ¿Estás contento con tu horario?
  ▼ Sí, trabajo *por/a/desde* las 9:00 *por/a/hasta* las 15:00 y cada día puedo comer en mi casa *a/hasta/entre* las 15:00 y las 15:30, dependiendo del tráfico.

3 ● ¿Qué sabes de Pedro? No lo he visto *hasta/desde/a* el día de su cumpleaños y su trabajo debe estar terminado *para/por/hacia* mañana *para/por/hacia* la mañana.

4 ● Me duele la cabeza, ¿a qué hora cierran las farmacias?
  ▼ Las farmacias están abiertas *de/desde/hasta* las 20:00. También es posible encontrar farmacias de guardia que atienden a cualquier hora de la noche, o farmacias de 24 horas.

4 Completa con las preposiciones que indican tiempo el siguiente texto que trata sobre los horarios españoles.

El **horario de comidas** suele realizarse un poco más tarde que en el resto de Europa: el desayuno se toma (1) *entre* las 08:00 y las 10:30 horas (2) _____ la mañana. La comida o almuerzo en los restaurantes se sirve (3) _____ las 13:00 y las 15:30 horas, y la cena (4) _____ las 20:30 (5) _____ las 23:00 horas.
El **horario comercial** es (6) _____ 10:00 a 13:00 horas (7) _____ la mañana y de 17:00 (8) _____ 20:30 horas por la tarde. Los grandes almacenes tienen horario ininterrumpido (9) _____ 10:00 (10) _____ 21:00 o 22:00 horas. Las tiendas y centros comerciales abren los sábados (11) _____ la mañana, aunque es cada vez más frecuente que en las grandes ciudades también se encuentren abiertos los sábados (12) _____ la tarde. **Los pubs, bares de copas y discotecas** suelen permanecer abiertos (13) _____ las 03:00 o las 04:00 de la mañana durante los fines de semana.
En general, los **organismos públicos** (consulados, embajadas, ayuntamientos, etc.) tienen horario de atención al público (14) _____ las 08:30 o 09:00 y las 13:00 o 14:00 horas (15) _____ lunes (16) _____ viernes.

6. La diversidad es nuestra realidad

2. Contenidos léxicos

1 A Aquí tienes algunas expresiones que contienen alimentos. En parejas, relacionad cada expresión con su significado. Gana la pareja que más aciertos tenga. Luego, podéis buscar el equivalente en vuestras propias lenguas.

1 Estar (alguien) como un flan.	a Hacerse muy tarde.
2 Ponerse (alguien) como un tomate.	b Estar nervioso.
3 Darle las uvas (a alguien).	c Estar muy mojado.
4 Estar (alguien) como un fideo.	d Ponerse rojo de vergüenza.
5 Ser (algo) pan comido.	e Estar muy delgado.
6 Estar/tener (alguien) mala leche/mala uva.	f Tener muy mal genio.
7 Ponerse (alguien) como una sopa.	g Ser muy fácil de realizar.

B Lee las siguientes oraciones y sustituye lo marcado en negrita por una de las expresiones anteriores.

1 Debes cuidar más tu alimentación. **Estás muy delgado.** _____
2 No le gusta hablar en público porque es muy vergonzoso y **se pone muy** _____.
3 ● ¿Cómo resultó la cena de anoche?
　▼ Al principio, **estaba nerviosa** porque llovía mucho y los invitados llegaron a mi casa **totalmente mojados**, pero al final lo pasamos muy bien. _____
4 ● **Estoy de muy mal humor** porque el examen de español no me ha salido tan bien como esperaba. _____
　▼ Pues para mí ha sido **muy fácil**, pero es que había estudiado y repasado muchísimo. _____
5 Como no acabe pronto la reunión, **vamos a estar aquí hasta mañana.** _____

C Escribe un texto corto e intenta usar alguna de las expresiones que has aprendido.

2 A Recuerda el nombre de los siguientes recipientes y utensilios de cocina. Escribe otros que conozcas.

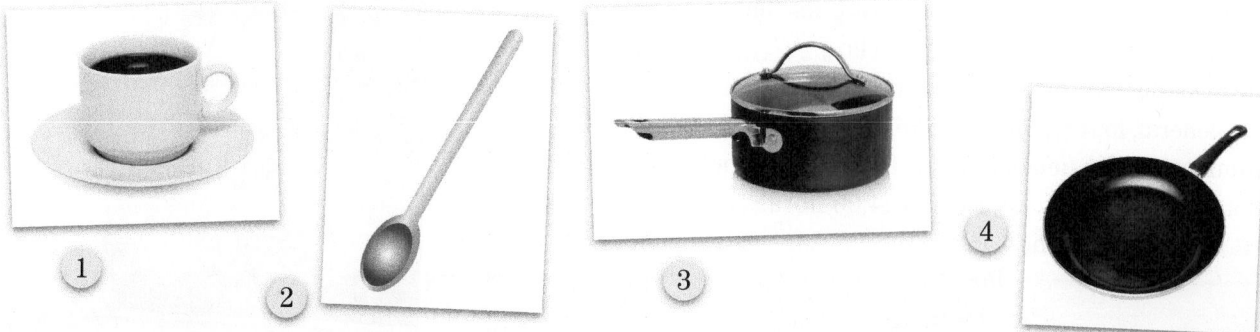

1　2　3　4

La diversidad es nuestra realidad

6

1 _____.   6 _____.

2 _____.   7 _____.

3 _____.   8 _____.

4 _____.   9 _____.

5 _____.   10 _____.

B Completa los espacios en blanco de la receta de las enchiladas con los nombres de los recipientes y utensilios de cocina del ejercicio anterior.

Las famosas ***enchiladas mexicanas*** son un plato hecho a base de tortillas suaves de maíz, rellenas con carne, pollo o, a veces, alguna variación vegetariana, y salsas rojas picantes por encima, con un poco de queso para gratinar.

Preparación: Primero hacemos la salsa, que lleva más tiempo de cocción. En un (1) _____ añade una (2) _____ de aceite y caliéntalo. Cuando esté a buena temperatura, echa dos dientes de ajo y media cebolla picaditos y cocina hasta que estén bien tiernos. Agrega una pizca de orégano, albahaca, comino, perejil, sal y pimienta al gusto. Licua tres chiles y 300 g de tomates pelados con una (3) _____. Mézclalo todo y cocínalo un poco. Añade una (4) _____ de agua y sube el fuego. Cuando hierva, añade una cucharada de azúcar y baja el fuego. Deja cocinando unos 15-20 minutos, será suficiente.

Mientras tanto, se cocina la carne. En una (5) _____ grande, añade un poco de aceite y medio kilo de carne picada. Cocina completamente. Añade todos los condimentos: una pizca de orégano, 1/2 cucharadita de pimentón rojo, 1/2 cucharadita de comino, 1 cucharadita de sal, 1 cucharada de jalapeño picado. Agrega una (6) _____ de agua y mezcla bien. Deja hervir unos cinco minutos a fuego alto sin dejar de mover con la (7) _____ de madera. Agrega dos (8) _____ de arroz y cocina hasta que no haya líquido.

Prepara cada una de las diez tortillas de maíz con una capa de frijoles rojos, que pueden ser enteros o en crema, un poco de la mezcla de carne y también ralla con un (9) _____ un poco de queso parmesano. Cierra la tortilla y ponla con la abertura hacia abajo en una (10) _____ de horno.

Repite con cada una. Pon encima la salsa y el queso que te ha sobrado. Mete al horno a 175 grados, previamente precalentado. Hornea unos 20 minutos.

C ¿Podrías proponer una receta sencilla para que toda la clase la aprenda? Si quieres, puedes preparar un texto como el anterior.

¡Que aproveche!

Nuevo Avance Intermedio

6 La diversidad es nuestra realidad

3. De todo un poco

1 Interactúa.

A Horarios.

1 En España hay un horario distinto al resto de Europa, aunque con los cambios debidos a la globalización, esto está cambiando en grandes ciudades como Madrid y Barcelona. En grupos, realizad el siguiente test sobre el tradicional funcionamiento del horario de comidas en España. Di si las siguientes afirmaciones son verdaderas o falsas.

	V	F
1 En España, por lo general, se desayuna de forma escasa (un café y poco más).		
2 A media mañana, a eso de las 11:00, se desayuna con los compañeros de trabajo.		
3 El almuerzo, sobre las 14:00 o las 15:00, es muy ligero.		
4 A las 20:00 los españoles suelen tomar un café con una tapita en un bar.		
5 Los españoles suelen cenar muy tarde, sobre las 21:00 o las 22:00, y a veces la cena consiste en una fruta o un yogur.		
6 En España se toman tapas en cualquier sitio y a todas horas.		
7 Casi todos los restaurantes ofrecen un menú a la hora del almuerzo. Un menú consiste en un primer plato, un segundo y el postre.		
8 En España la gente está en silencio mientras come, se hace rápidamente y sin relación social.		
9 En los bares también es posible tomar platos combinados, bocadillos y raciones... a cualquier hora del día.		

2 Haz un resumen del horario de trabajo y comidas que existen en tu país y compáralo con el de tus compañeros/as. Después, comparadlo con los horarios españoles.

3 Ahora te toca a ti.
¿Qué horario prefieres? Expresa tu opinión y tu compañero/a te da o no la razón con los recursos que ya conocéis.

B ¿Has visitado algún país de habla hispana?

En parejas, explica a tu compañero/a las cosas que no comprendías del país de habla hispana que conoces y también las que sigues sin comprender. Para ayudaros un poco más, podéis completar la siguiente tabla.

La diversidad es nuestra realidad

Tema generales	No comprendía	Ahora comprendo	Sigo sin comprender
LOS HORARIOS			
LAS COSTUMBRES			
LOS PIROPOS			
LA VIDA SOCIAL			
LOS GESTOS			

2 Habla.

Elige uno de estos dos temas y haz una presentación ante toda la clase. Tienes unos minutos para prepararte y, cuando ya estés listo/a, exponlo durante tres minutos. Debes defender tu postura y aportar argumentos. Después, tus compañeros/as (y tu profesor/a si así lo desea) te darán la razón o no sobre lo que has dicho.

A **¿Podemos llegar a entendernos con personas de otras culturas?**

¿Es positiva la mezcla de culturas? ¿En necesaria la inmigración para el desarrollo de los países europeos y la sociedad en general?

B **Los choques culturales.**
Habla de tus primeros días en España o en cualquier otro país de habla hispana. ¿Cómo te sentías? ¿A qué tenías miedo? ¿Qué te sorprendió?...

Jóvenes extranjeros que han venido a España para aprender español nos cuentan sus experiencias.

Los piropos
- *Al principio pensaba que los chicos españoles eran muy maleducados cuando me gritaban: ¡Guapa!... Ahora creo que hacen muy feliz a la gente. ¡Qué aburrido va a ser cuando vuelva a Dinamarca y los chicos no me digan nada por la calle! (Michelle)*

La manera de hablar
- *Los españoles son muy expresivos porque hablan con las manos, con el cuerpo, con la cara. Mi amiga española, cuando habla conmigo, abre los ojos como platos. (Ellen)*

- *Ahora siento que puedo hacer cualquier cosa en mi vida. No hay límites. Si he conseguido hablar y discutir en una mesa llena de españoles, puedo hacer todo lo que me proponga. (Simon)*

Los saludos
- *Los españoles besan a todo el mundo. He comprendido que los españoles son muy listos porque si besan a todo el mundo, no tienen que poner «niveles» a sus amigos, enemigos o conocidos. En Alemania tenemos distintos tipos de saludos: a unas personas las abrazamos, a otras les damos la mano y a otras las besamos. (Carl)*

6 La diversidad es nuestra realidad

3 Escucha.

A Mujeres del mundo. 🔊 12

Son dos mujeres de dos países diferentes. Nos han contado sus vivencias en España y sus costumbres... tan distintas y tan iguales.

1 Escucha sin leer y contesta.
- a ¿Quiénes hablan?
- b ¿De dónde son?
- c ¿Qué opinan de España?
- d ¿Qué dicen de sus países?

2 Ahora lee el texto y comprueba tus respuestas.

B Cuando nuestras abuelas no hicieron las américas. 🔊 13

1 Escucha y contesta a estas preguntas.
- a ¿Quiénes son los personajes que hablan?
  ¿De qué hablan?
- b ¿Dónde están?
- c ¿Qué recursos utilizan para dar la razón?

2 Ahora te toca a ti.
Expresa tu opinión con los recursos que ya conoces.

4 Lee.

1 Antes de leer.

a ¿Has oído hablar del libro *Como agua para chocolate*? ¿Cuál crees que puede ser el tema? Hagamos una lluvia de ideas. Esta portada del libro os puede ayudar.

b Busca información del libro y de la autora en las siguientes direcciones para ver quién se ha acercado más a la historia ideada por Laura Esquivel.

http://es.wikipedia.org/wiki/Laura_Esquivel_(escritora)
http://es.wikipedia.org/wiki/Como_agua_para_chocolate_(novela)

c Une las siguientes palabras y sus significados mediante flechas:

1 Charola.	a (México) – Pan.
2 Telera.	b (Bolivia, Honduras, México y Perú) – Bandeja.
3 Agasajar.	c Habitación principal de la casa donde generalmente se reciben las visitas.
4 Sala.	d Cosa con la que generalmente se rellena el interior de otra cosa, especialmente un alimento.
5 Relleno.	e Tratar con afecto y amabilidad a alguien.
6 Pedir la mano.	f Proponer matrimonio.

50 Nuevo Avance Intermedio

La diversidad es nuestra realidad

2 Después de leer.
  a ¿Cuántas personas aparecen en el texto y qué relación hay entre ellas?
  b ¿Qué hacen don Pascual y don Pedro en casa de Mamá Elena?
  c Escribe con tus propias palabras la idea central del texto y compara con lo que ha escrito tu compañero/a.

Como agua para chocolate

...Al día siguiente se presentó en casa Pedro Muzquiz acompañado de su señor padre con la intención de pedir la mano de Tita. Su presencia en la casa causó gran desconcierto. No esperaban su visita. (...) Mamá Elena los recibió en la sala, se comportó muy amable y les explicó la razón por la que Tita no se podía casar.

– Claro, que si lo que les interesa es que Pedro se case, pongo a su consideración a mi hija Rosaura, solo dos años mayor que Tita, pero está plenamente disponible y preparada para el matrimonio...

Al escuchar esas palabras, Chencha por poco tira encima de Mamá Elena la charola con café y galletas que había llevado a la sala para agasajar a don Pascual y a su hijo. Disculpándose, se retiró apresuradamente hacia la cocina, donde la estaban esperando Tita, Rosaura y Gertrudis. Entró atropelladamente y todas suspendieron de inmediato sus labores para no perderse una sola de sus palabras. (...) Chencha no paraba de hacer comentarios mientras les narraba, a su manera, claro, la escena que acababa de presenciar. Tita conocía lo mentirosa que podía ser Chencha. Se negaba a aceptar como cierto lo que acababa de escuchar. Intentó mantenerse tranquila y siguió partiendo las teleras.

Cuando Tita estaba acabando de envolver las tortas que comerían al día siguiente, entró en la cocina Mamá Elena para informarles de que Pedro se iba a casar con Rosaura. (...) Al escuchar la confirmación de la noticia, Tita sintió mucho, mucho frío.

(Texto adaptado de *Como agua para chocolate* de Laura Esquivel. Ediciones Mondadori; Barcelona 1994, p. 18 - 20)

5 Escribe.

Lee el *blog* de Alí y escribe tu opinión.

| INICIO | SOBRE NOSOTROS | | SUSCRIBE: POST COMENTARIOS |

Vine a España cuando era muy joven, casi un crío. Conocía a otra gente que había venido. En mi familia no querían dejarme venir. Entré en España sin ningún tipo de documentación. No sabía bien lo que quería: era al mismo tiempo aventura y buscar una vida mejor.

Normalmente no me siento discriminado por la gente, aunque las leyes no siempre nos favorecen. Cuando hay algún marroquí que hace algo mal, todos tenemos que pagarlo. ¿Por qué?

Me he encontrado con gente que no entendía por qué respetaba el Ramadán. Y decían que ayunar todo el día y comer por la noche era una tontería. Esta opinión, para mí, refleja falta de conocimiento. Por eso yo les he dicho: si te interesa saber algo de mis creencias, enséñame algo de tu cultura y de tu religión, y yo te voy a explicar por qué lo hago. En el fondo, todas las religiones vienen a creer en el mismo Dios.

OPINIONES:

7 Nuestra lengua

1. Contenidos gramaticales

1 A Completa las siguientes intervenciones con los verbos en presente de subjuntivo.

Antonio (jubilado, 63 años)
Ojalá que la situación económica se (1) (arreglar) _____ para que los jóvenes (2) (tener) _____ trabajo. ¡Ah!, y también quiero que la gente (3) (ser) _____ feliz.

Carmen (ama de casa, 54 años)
Mi mayor ilusión en esta vida, y ojalá este año se (8) (hacer) _____ realidad, es que mis hijas (9) (encontrar) _____ trabajo para que se (10) (ir) _____ de casa y me (11) (dejar) _____ tranquila.

Inmaculada (estudiante, 21 años)
Este año ha sido muy bueno para mí, pero deseo que (4) (haber) _____ paz en el mundo y que mi hermano no (5) (discutir) _____ tanto con mis padres.

Alejandra (estudiante, 24 años)
Hay muchas cosas que quiero: salud para los míos, que se (12) (acabar) _____ la crisis, que (13) (poner, ellos) _____ un ascensor en mi casa y también que me (14) (tocar) _____ la lotería para no tener que pedir dinero a mis padres. ¡Ah, se me olvidaba! Me gustaría hablar mejor inglés.

José (arquitecto, 35 años)
Que me (6) (ir) _____ bien en el trabajo y que mi madre (7) (mejorar) _____, porque está enferma.

Carlos (9 años)
Yo solo quiero que los profesores no me (15) (mandar) _____ tantos deberes, que mi madre me (16) (dejar) _____ dormir en casa de mis amigos y que mis padres no (17) (trabajar) _____ tanto y (18) (pasar) _____ más tiempo conmigo.

B **Te toca.**
Pregunta a tu compañero/a cuáles son sus deseos.

2 En parejas, completad los siguientes diálogos con el deseo correspondiente.

a Que os lo paséis bien y que tengáis un buen viaje.
b Bueno, vete a casa y que te mejores.
c Pues, que tengáis suerte con el tiempo y que disfrutéis mucho.
d Que no te pongas nerviosa y que apruebes.
e Que descanses y que duermas bien.
f Que tengas un buen fin de semana y que descanses.

Nuestra lengua 7

1 ● Me voy a casa porque no me encuentro muy bien. ▲ ¿Qué te pasa? ● Me duele mucho la cabeza. _____.	2 ● ¿Qué vais a hacer este fin de semana? ▼ Vamos a Jaén al cumpleaños de mi sobrino. _____.	3 ● ¡Por fin viernes! Estoy agotado. _____.
4 ● Mañana me presento al examen del carné de conducir. _____.	5 ● Está lloviendo y mañana se casa mi hermana. _____.	6 ● Es tarde. Me voy a la cama. _____.

3 En parejas, mirad la portada de este libro de Marcela Serrano y contestad a las preguntas con una expresión de duda que ya conocéis. (Puedes consultar las páginas 100-101 de *Nuevo Avance Intermedio*).

1 ¿Cuál será el motivo del viaje? ¿Será un viaje de ida o de vuelta?
_____.

2 ¿Qué estará leyendo la mujer con tanta atención?
_____.

3 ¿Parece preocupada?
_____.

4 En grupos, sacad conclusiones y comparadlas con el argumento del libro. Podéis buscar información en internet.
_____.

4 Elige la preposición adecuada. (Puedes consultar la página 101 de *Nuevo Avance Intermedio*).

1 ● Muchos españoles estamos preocupados *por* la subida de los precios.
▼ Es verdad, y además, ahora es una época difícil _____ encontrar trabajo.

2 ● ¿Coche nuevo?
▼ Sí. La semana pasada, cuando iba _____ mi casa se me paró el coche y mi padre me ha vendido el suyo _____ poco dinero.

3 ● ¿Nos subimos en ese autobús? Creo que va _____ el centro, pero antes pasa _____ el paseo Marítimo.
▼ _____ mí, no. Me encanta pasear _____ el paseo Marítimo.

4 ● ¡Qué pantalones tan bonitos!
▼ Pues no son caros; los he comprado solo _____ 20 euros.

5 ● ¿Cuántos años tienen tus hijos?
▼ Tengo una niña _____ diez años y un niño _____ dos añitos.

5 Completa este folleto con la preposición adecuada.

¡Estudia español en Santiago de Chile!
Santiago está ubicada (1) _en_ la zona central de Chile (2) _____ 100 kilómetros (3) _____ la costa (4) _____ el océano Pacífico y (5) _____ 40 kilómetros (6) _____ la Cordillera (7) _____ Los Andes. Actualmente, Santiago es una ciudad moderna (8) _____ más (9) _____ seis millones (10) _____ habitantes.

Nuestra escuela:
Nuestra escuela se encuentra (11) _____ el centro de la ciudad. Ofrecemos cursos (12) _____ «Español y Esquí» (13) _____ todos los niveles (14) _____ junio (15) _____ septiembre.

Actividades culturales:
Nuestra escuela organiza un amplio programa (16) _____ actividades después de las clases (17) _____ los alumnos (18) _____ la escuela:
- Pasear (19) _____ la ciudad con los profesores.
- Montar (20) _____ caballo.
- Subir (21) _____ los Andes (22) _____ esquiar.
- Visitas (23) _____ los viñedos, museos...
- Excursiones (24) _____ la playa.

Alojamiento:
Puedes vivir (25) _____ casa de una familia de acogida o (26) _____ un piso con otros estudiantes.

Transporte:
El aeropuerto internacional se encuentra (27) _____ 20 kilómetros (28) _____ oeste (29) _____ la ciudad de Santiago. Un minibús te cobrará aproximadamente 3 200 pesos chilenos (30) _____ el aeropuerto (31) _____ el centro (32) _____ la ciudad.

Para más información: *www.municipalidadsantigo.cl*

2. Contenidos léxicos

1 A Señala las palabras de origen americano. Luego escribe a qué definición corresponde cada una.

> canoa • tambor • maíz • papaya • algodón • jarra • tabaco • tomate • aire • alfombra • madera • padre
> naranja • ojalá • zanahoria • tiburón • tucán • hamaca • ojo • patata • brazo • chocolate • río

1. _____: es un bote pequeño que se mueve con la fuerza humana. Es puntiagudo en ambos extremos.
2. _____: se utiliza para dormir o descansar.
3. _____: es un ave. Se caracteriza por su ancho y largo pico.
4. _____: es una fruta semejante al melón.
5. _____: es una planta que se cultiva por todo el mundo. Continúa siendo la base de la alimentación de millones de personas.
6. _____: es un alimento que a todos nos encanta. Se obtiene mezclando azúcar y cacao.

Nuestra lengua 7

B ¿Cuáles de estas palabras son iguales o parecidas en tu idioma?

C Busca en el recuadro las palabras de origen árabe que comiencen por las siguientes letras.

1 T _____.
2 A _____.
3 J _____.
4 N _____.
5 O _____.
6 Z _____.

D Escribe una oración con cinco de las palabras de origen americano que han salido.

1 _____.
2 _____.
3 _____.
4 _____.
5 _____.

3. De todo un poco

1 Interactúa.

A En grupos de tres, contestad a estas preguntas y, luego, comparad los resultados con los otros grupos y sacad conclusiones.

- ¿Por qué y para qué estás aprendiendo español?
- ¿Dominas o estudias otra lengua? ¿Cuál?
- ¿Qué quieres conseguir y qué nuevas oportunidades crees que te proporcionará el aprendizaje de una nueva lengua?
- ¿Qué ventajas te está ofreciendo el español (conocimientos de cultura, historia, viajes, amigos...)?
- ¿Estás satisfecho/a con los resultados?
- ¿Cuál es tu palabra favorita en español?

B Dividid las clases en varios grupos. Unos grupos se encargan de escribir las dificultades y otros grupos de dar consejos.

- *¿Cuáles son las dificultades que te has encontrado durante tu aprendizaje del español?*
  (Comparando tu lengua materna y otra/s lenguas/s que conozcas).
- ▼ *Me cuesta mucho pronunciar el sonido 'j'.*
- *Te aconsejo que repitas muchas veces en voz alta palabras con 'j' como: "jarrón", "jamón", "jabón", "cajón", "ojalá", "ojo"...*

2 Habla.

Elige uno de estos dos temas y haz una presentación ante toda la clase. Tienes unos minutos para prepararte y, cuando ya estés listo/a, exponlo durante tres minutos. Después, tus compañeros/as (y tu profesor/a si así lo desea) te harán preguntas durante cinco minutos.

A ¿Costumbres poco comunes?

¿Qué costumbres de tu país pueden chocar a personas extranjeras o qué costumbres diferentes conoces de otros países? Te damos algunos ejemplos:

- En algunos países de Oriente cuando la gente no entiende o le resulta muy chocante lo que se dice sonríe, lo que provoca confusión al turista occidental.

- En los países asiáticos se suele preguntar sobre todo tipo de cosas a un desconocido (trabajo, dinero, amor, etc.).

- En Marruecos, Egipto y Grecia en los edificios se suele dejar una planta sin acabar, ya que las constructoras solo pagan impuestos una vez que el edificio está terminado.

- En Jamaica se entierra a los muertos en el jardín de la casa y se hace una fiesta para despedirlo, nunca se llora la muerte.

- En Argentina se toma mate a todas horas y en todo momento, incluso conduciendo.

- Las japonesas consideran poco educado enseñar los dientes al reír.

- En Turquía es de mala educación cruzar los brazos al hablar con alguien. Y, ¡ojo!, poner el pulgar hacia arriba y el resto de los dedos cerrados, significa que quieres ligar con alguien.

- En Tailandia y Nepal, por ejemplo, no se toca la cabeza a un adulto ni a un niño, ¡es una falta de respeto! Para los budistas, la cabeza es lo más sagrado del cuerpo.

- En los países árabes para comer solo utilizan la mano derecha porque consideran impura la izquierda.

(Fuente: *http://www.francescjosep.net/costumbres-raras-alrededor-del-mundo/*)

B Aprender otra lengua es como iniciar un viaje que nos abre las puertas para conocer otras culturas. Para ayudarte te ofrecemos algunas frases.

«Cada idioma es un modo distinto de ver la vida». Federico Fellini.

«Saber otro idioma es como poseer una segunda alma». Carlo Magno.

«El aprendizaje de una nueva lengua es una experiencia enriquecedora que abre nuestra mente y nuestra visión del mundo». (Anónimo)

«Comunicarnos con gente de otras culturas nos permite vivir experiencias únicas y establecer nuevas relaciones». (Anónimo)

«Existe un lenguaje que va más allá de las palabras». Paulo Coelho.

«El andar tierras y comunicar con diversas gentes hace a los hombres discretos». Miguel de Cervantes.

3 Escucha. 🔊 14

Pedir cosas en español.

Escucha los siguientes diálogos y contesta.

	Situación 1	Situación 2	Situación 3
1 ¿Dónde están las personas que hablan?			
2 Enumera los objetos que piden prestados.			
3 ¿Cómo piden cosas?			

4 Lee.

A Estudiar está de moda.

1 Antes de leer.
Comenta con tus compañeros.
a ¿Has visitado algún país en el que se hable español?
b ¿Cuál crees que son las tres lenguas más habladas de mundo?
c ¿Cuáles son las lenguas más estudiadas en el mundo?

2 Ahora lee el texto y señala la respuesta adecuada.
a El español es la *primera / segunda / tercera* lengua nativa más hablada del mundo.
b El español es la *primera / segunda / tercera* lengua usada en internet.
c El español es el *primer / segundo / tercer* idioma más estudiado.

El español es la segunda lengua nativa más hablada en el mundo

El español, hablado por 450 millones de personas, es la segunda lengua del mundo por número de habitantes nativos, el segundo idioma de comunicación internacional y el tercero más usado en internet, por detrás del inglés y del chino.

Estados Unidos será en cuarenta años el país con más hispanohablantes en el mundo. Actualmente, en este país hay más hispanoparlantes que en España o Argentina, y solo lo supera México en cantidad.

En la actualidad, unos catorce millones de alumnas y alumnos aprenden español como lengua extranjera, ya que es el tercer idioma más estudiado después del inglés y del alemán. Se estima que para el año 2050 el número de hablantes de español alcanzará los 550 millones de personas. A este ritmo, dentro de tres o cuatro generaciones, el 10% de la población mundial se entenderá en español.

B Federico García Lorca.

1 Antes de leer.

a ¿Has oído hablar de Federico García Lorca? ¿Qué sabes de él? Con todo el grupo, haced una lluvia de ideas.

b Busca información sobre Federico García Lorca en internet.

_____
_____
_____
_____.

Nuestra lengua

2 Completa el siguiente texto eligiendo para cada uno de los huecos una de las tres opciones que se ofrecen.

Nueva York, enero de 1930

Queridísimos padres y hermanos:
Han transcurrido las festividades de Pascua con gran alegría y buen tiempo. He recibido (1) _____ cartas y las cartas de Manolo [Fernández Montesinos] y Conchita [García Lorca] desde Córdoba y Barcelona, que les agradezco muchísimo (...). Sé que habéis pasado las Navidades con felicidad, como vosotros merecéis.

Pasé la Nochebuena en casa de Federico de Onís (...) La comida fue muy agradable con vino abundante y buen humor, pero yo les tuve que dejar a las diez (2) _____ ir a casa de Brickell, donde estaban reunidos los (3) _____ de la familia. En su casa, lo pasé muy bien, (4) _____ es otra sociedad distinta y (5) _____ me siento extranjero. Me regalaron muchas cosas y participé de una (6) _____ muy inglesa, pero llena de encanto: cada asistente (7) _____ una vela. Uno a uno las fuimos encendiendo y había que escribir, al encender cada vela, un (8) _____ deseo para otra persona. Yo, naturalmente, escribí el deseo para vosotros: salud y felicidad. De todas maneras, los americanos toman muy (9) _____ serio esta costumbre casi supersticiosa porque son como niños. Después fuimos a la misa del (10) _____. (...) Aquí pude ver lo vivo que está el catolicismo en este país, que tiene que luchar con protestantes y judíos que tienen en la acera de (11) _____ de sus iglesias.

Ahora es seguro que voy a Cuba en el mes de marzo. (...) Allí daré ocho o diez conferencias. Trabajo bastante. Escribo un libro de poemas de interpretaciones de Nueva York que produce enorme impresión a estos amigos.

Saludad a todos. Especialmente a tía Isabel, a Eduarda, a las muchachas, y vosotros recibid un abrazo y besos de vuestro hijo. ¡Besos!
Federico

(Adaptado de: *http://cartasfamosas.blogspot.com*)

Opciones:

1 a tus   b vuestras   c las
2 a para   b por   c hasta
3 a allegados   b cercanos   c íntimos
4 a por que   b porque   c aunque
5 a allí   b aquí   c ahí
6 a tradición   b costumbre   c ritual
7 a tuve   b tenía   c ha tenido
8 a gran   b buen   c grande
9 a en   b de   c a
10 a de madrugada b gallina   c gallo
11 a delante   b enfrente   c detrás

3 Después de leer.

a ¿Dónde está Federico?
_____.

b ¿Cómo pasó la Nochebuena?
_____.

c ¿Has pasado alguna vez las Navidades fuera de tu país? ¿Qué costumbres te resultaron curiosas?
_____.

d Escribe con tus propias palabras la idea central del texto y compara con lo que ha escrito tu compañero/a.
_____.

5 Escribe.

Ahora debes dar respuesta a la carta como si fueras su madre, doña Vicenta Lorca. Ten en cuenta los siguientes puntos:

- Saludarlo y darle las gracias por la carta.
- Contarle cómo se encuentra la familia.
- Deseos y consejos para su hijo.
- Despedida.

8. Los estudios, ¿una obligación? No

1. Contenidos gramaticales

1 Construye oraciones causales con la información ofrecida. Puedes utilizar los conectores *porque* y *como*.

1

CAUSA	ACCIÓN
No nos gusta la carrera que hemos empezado	Decidir buscar trabajo en Finlandia (nosotros)

Como no nos gusta la carrera que hemos empezado, hemos decidido buscar trabajo en Finlandia.
Hemos decidido buscar trabajo en Finlandia porque no nos gusta la carrera que hemos empezado.

2

CAUSA	ACCIÓN
En Finlandia hace frío	No olvidar poner en la maleta ropa de abrigo (vosotros)

_____.
_____.

3

CAUSA	ACCIÓN
Tengo un examen importantísimo	No poder ir a buscarte al aeropuerto (yo)

_____.
_____.

4

CAUSA	ACCIÓN
Mi empresa me obliga	Tener que trabajar el sábado (yo)

_____.
_____.

5

CAUSA	ACCIÓN
Estáis muy estresados con el trabajo	No querer ir a vuestra casa (nosotros)

_____.
_____.

Los estudios, ¿una obligación? No

2 Sustituye las oraciones causales del ejercicio anterior por oraciones condicionales. Después, en parejas, buscad una solución.

1 *Si no os gusta la carrera que habéis empezado, buscaréis trabajo en Finlandia.*
2 _____.
3 _____.
4 _____.
5 _____.

3 Convierte en consecutivas las siguientes oraciones causales. Puedes usar *así que* y *por eso*.

1 Me acosté porque tenía mucho sueño.
   Tenía mucho sueño, así que/por eso me acosté.
2 María se puso las gafas porque no veía bien la letra pequeña.
   _____.
3 En esta habitación hay que hacer una limpieza a fondo porque ha estado tres meses cerrada.
   _____.
4 Carmen le dijo a su marido que se iría sola a pasar unos días a Madrid porque necesitaba sentirse libre.
   _____.
5 Hablan muy bien español porque han viajado mucho por Latinoamérica.
   _____.
6 Dejé la carrera y me puse a trabajar porque suspendía todas las asignaturas.
   _____.

4 **A** Completa el texto con los conectores consecutivos y finales del recuadro. Antes de hacer la actividad debes comprender las palabras subrayadas.

¿Cómo elegir bien tu carrera?

para • así que /por eso (3) • para que (2)

Este es uno de los momentos más importantes de tu vida, por lo tanto tienes que decidir muy bien los estudios que quieres hacer. Para ello, te damos algunas claves útiles (1) _____ elegir tu carrera:

- **Analiza tus virtudes:** cada persona destaca en algo, (2) _____ es importante que hagas una lista con las cosas en las que eres bueno/a (3) _____ veas qué estudios se pueden adaptar mejor a tu personalidad.
- **Analiza las salidas profesionales:** el mercado laboral no está en su mejor momento, (4) _____ es necesario que pienses en las perspectivas de futuro que te ofrece cada carrera. No te limites a consultar las titulaciones típicas que todo el mundo conoce, ni a seguir la moda.

Existen carreras que son poco conocidas y puede que se adapten mejor a los estudios que te gustaría hacer.

- **Infórmate de la duración, el programa y las condiciones** de la carrera en diferentes universidades: hay personas que no quieren cursar estudios que duren muchos años, (5) _____ es importante que antes de elegir una carrera analices todas estas variables.
- **No te dejes influir por los demás:** sí es conveniente que hables con otros estudiantes (6) _____ te cuenten su experiencia sobre la carrera, pero, ¡cuidado! No te dejes influir por sus opiniones. Tu carrera debes elegirla tú.

(Adaptado de: *http://noticias.iberestudios.com*)

Los estudios, ¿una obligación? No

B Para elegir una carrera solo necesitas pensar qué quieres hacer profesionalmente. Haz una lista de cómo sería tu trabajo ideal, qué tipo de actividades te gustaría hacer, dónde, en qué condiciones. Después, tus compañeros/as te aconsejarán sobre las carreras que se adaptan a tu personalidad.

_____
_____
_____.

5 A Forma oraciones usando elementos de cada columna.

1 Shakira y Piqué quieren una casa
2 Necesitas comprar algo
3 Conocí a dos chicos
4 Necesito conocer a alguien
5 Hemos encontrado una casa
6 Necesito ver una película
7 Tenía una lavadora
8 No conozco a nadie
9 No quiero vivir con nadie

QUE

a quite las manchas de vino.
b tenga unas vistas maravillosas y una gran piscina.
c me enseñe a hablar alemán.
d trabajaban en el Instituto Cervantes de Estocolmo.
e tiene un jardín precioso y una gran piscina.
f pueda ayudarme con los niños.
g hacía mucho ruido y molestaba a los vecinos.
h sea divertida.
i no respete las normas de convivencia.

B Completa el diálogo poniendo los verbos en presente de indicativo o de subjuntivo. Sonia está en casa de Cristina.

Cristina: Quiero darte una noticia: me han dado la beca para hacer el doctorado en Alemania.
Sonia: ¡Enhorabuena! ¡Estarás contenta!
Cristina: Bueno, estoy nerviosa. Ahora estoy buscando un apartamento en Alemania que (1) (estar) _____ cerca de la Universidad y que no (2) (ser) _____ demasiado caro.
Sonia: ¿No conoces a nadie que (3) (vivir) _____ en Alemania que pueda ayudarte?
Cristina: En Alemania no.
Sonia: Yo sé que mi padre tiene un primo que (4) (vivir) _____ en Dresde y que (5) (ser) _____ profesor de la Universidad. Viene a mi casa esta tarde y le hablaré de ti.
Cristina: Estupendo. ¿Quieres tomar algo?
Sonia: Si tienes alguna bebida que no (6) (tener) _____ gas y que no (7) (estar) _____ fría...
Cristina: Tengo una botella de agua que (8) (estar) _____ fuera del frigorífico.
Sonia: Vale, gracias.

6 A Lee el siguiente diálogo y completa con la forma correcta de los verbos en pasado de indicativo.

Rosa: Me encanta estudiar y vivir en otros países. Cuando (1) (ser) __era__ pequeña, (2) (soñar) _____ con conocer a mucha gente de otros lugares.
Elena: Eres igual que tu hermano Pedro. Por cierto, ¿sigue en Croacia?
Rosa: Sí, sí. El mes pasado, cuando (3) (estar) _____ allí, (4) (vivir) _____ algunos días en su casa.
Elena: ¿Qué hiciste en Croacia además de estudiar?
Rosa: Cuando (5) (tener, yo) _____ tiempo, me (6) (gustar) _____ pasear por el bosque o por algún parque cercano.
Elena: ¿Es verdad que te han ofrecido trabajo en Estados Unidos?
Rosa: Sí. Es verdad. Cuando me (7) (dar, ellos) _____ la noticia, me (8) (quedar) _____ sin habla.
Elena: Me alegro mucho. Te lo mereces.

Nuevo Avance Intermedio

Los estudios, ¿una obligación? No **8**

B Te toca.
Di qué le ocurrirá a Rosa en EE.UU. Utiliza una oración temporal de *futuro* con *cuando*.

2. Contenidos léxicos

1 A Completa los espacios en blanco del texto con las palabras del recuadro.

> El ausente • El pesado • El «A mi bola» • El empollón • El pelota • El chuletero
> El escritor • El chivato • El «Todo-qué-fácil»

¿Qué clase de estudiante eres?

1 _____: nunca va a clase, nadie lo conoce.

2 _____: todo se lo estudia, todo se lo sabe, saca 10 en todo y siempre hace los trabajos voluntarios... ¿Para qué? Solo sirven para subir nota... ¿Qué pretende? ¿Sacar un 11?

3 _____: siempre está hablándote, riéndose, o jugando... no le gusta escribir con sus bolis, prefiere los tuyos para hacer la gracia...

4 _____: suele ser sociable, pero como no quiere prestar atención en clase, se sienta al final, y se pone a jugar con el móvil, a escuchar música... Para este tipo de alumnos lo mejor es que los profes no molesten.

5 _____: no le gusta estudiar, es vago. Suele ser una persona normal, incluso inteligente, pero esa inteligencia que posee solo la utiliza para hacer chuletas, y que no le pillen. Y si por cualquier circunstancia le pillan, siempre tendrá una excusa para que no le culpen. Suele tener una letra muy pequeña.

6 _____: siempre dice que se sabe las cosas..., pero luego llega al examen y... suspende... Hecho inexplicable.

7 _____: el mejor amigo de los profes, siempre les da la razón aunque no la tengan y les dice piropos. ¡Se pensará que por eso le van a subir la nota! Puffffff...

8 _____: su único entretenimiento es escribir... en la mesa, en las paredes... cualquier sitio menos en el papel. Suelen escribir el nombre del novio/a (si tienen), también está la opción de poner el nombre de amigos y debajo el típico A.P.S. (Amigos Para Siempre) o M.A.P.S. (Mejores Amigos Para Siempre).

9 _____: es el que tiene por costumbre acusar o decir las faltas de los demás.

B ¿Con qué estudiante te identificas?
Coméntalo con tus compañeros/as y justifica tu respuesta.

8 Los estudios, ¿una obligación? No

3. De todo un poco

1 Interactúa.

A Tener éxito en los exámenes.

En grupos, escribid algunos consejos para tener éxito en los exámenes. Comparad vuestras soluciones con las de los otros grupos. Podéis tratar los siguientes temas: condiciones ambientales, planificación del estudio, asimilación de contenidos, etc.

B Razones para estudiar y para no estudiar.

Seguramente, en muchas ocasiones habrás pensado en qué tienes que estudiar. Incluso, te habrás preguntado que por qué tienes que estudiar ciertas asignaturas que, o no te gustan, o no sirven para nada.

● *No me gustan los estudios ni los profesores. Prefiero trabajar y ganar dinero para hacer lo que quiera.* **Eva**

Pero no todos piensan así:

▼ *Para ser buena en mi profesión (una buena ingeniera), es posible que me encuentre con algunas asignaturas que no me gusten, pero sé que aprobándolas, llegaré a la meta que me he propuesto.* **Cristina**

■ *Tengo buenos profesores y esto me anima. Sin embargo, con los malos profesores también aprendo lo que no debo hacer cuando sea mayor.* **Carlos**

En grupos, completad la siguiente tabla con razones para estudiar o no estudiar. Luego contrastad vuestras opiniones.

Estudiar para/para que...	NO estudiar para/para que...

2 Habla.

Elige uno de estos dos temas y haz una presentación ante toda la clase. Tienes unos minutos para prepararte y, cuando ya estés listo/a, exponlo durante tres minutos.

A Un año sabático. Ventajas y desventajas.

> Consiste en hacer una pausa de 365 días entre el final del bachillerato y el acceso a la universidad y emplear ese período para viajar, estudiar idiomas o trabajar.
> Aunque en España no es común que los adolescentes se tomen un año sabático, en otros países como Gran Bretaña, Alemania, Suecia, Dinamarca y Holanda, es muy normal y resulta raro no tomárselo.
> Tomarse un año sabático les hace más cultos, más fuertes, más maduros, más independientes. Eso sí, deben aprovechar el tiempo.

Los estudios, ¿una obligación? No

8

B ¿Qué cosas importantes nos deberían enseñar en la escuela?

   a ¿Sabías que los estudios actuales indican que los estudiantes olvidan un 80% de todo lo que han aprendido por obligación?

   b ¿Cuáles son las cosas más importantes que has aprendido en el colegio o en el instituto?

   c ¿Crees que en el colegio, el instituto, o la universidad se memorizan muchos datos inútiles?

3 Escucha.

A Jóvenes estudiantes cuentan sus experiencias. 🔊15

Son tres jóvenes de España y México. Nos han contado sus vivencias en otro país.

1 Escucha sin leer la transcripción y completa el cuadro.

Nombre	Edad	Nacionalidad	¿Dónde estudia?	¿Qué estudia?	¿Qué piensa de su experiencia?

2 Ahora lee la transcripción (página 133) y comprueba tus respuestas.

B Final de curso. 🔊16

Escucha el siguiente diálogo y marca la respuesta correcta.

1 Pablo está muy preocupado:
   a porque no sabe qué hacer: estudiar o trabajar.
   b porque es final de curso y está muy estresado.
   c porque está enfermo.

2 Pablo tiene miedo a:
   a suspender o fracasar en los estudios.
   b viajar en avión.
   c vivir en el extranjero.

3 Silvia piensa que:
   a Ramón es un alumno muy irresponsable.
   b Ramón es un alumno brillante.
   c Ramón es muy tranquilo y optimista.

4 Silvia se pone histérica cuando:
   a hace mucho calor y tiene que estudiar.
   b tiene que levantarse temprano por la mañana.
   c los profesores le dan las notas.

Los estudios, ¿una obligación? No

4 Lee.

Lee el texto y señala si las siguientes afirmaciones son verdaderas (V) o falsas (F).

Finlandia, un modelo que hay que imitar

El sistema educativo finlandés es público y gratuito desde que un niño nace hasta que hace el doctorado en la universidad. Además, es obligatorio de los siete a los dieciséis años e incluye todo el material escolar, desde los libros hasta los lápices. La total financiación alcanza también a los pocos centros privados que existen. Además todos los estudiantes tienen derecho a una comida caliente y, si el alumno vive a más de cinco kilómetros, el centro garantiza su transporte. Por otra parte, los padres pueden elegir con casi total libertad el colegio de sus hijos, aunque apenas hay diferencias significativas entre los distintos centros.
Con el objetivo de mejorar el rendimiento de los alumnos en matemáticas y ciencias, las autoridades educativas finlandesas pusieron en marcha en 1996 un programa que incluía una exhaustiva formación del profesorado y una mejora de la enseñanza, dirigida a conseguir formar al alumnado de una forma práctica. Para ello, se modernizaron los laboratorios de los colegios e institutos, adquiriendo ordenadores y programas informáticos actualizados. Para dar clases a los profesores se les exige una titulación universitaria de carácter superior. Ser maestro de Primaria requiere seis años de carrera universitaria. Además, el hecho diferencial básico con respecto a otros países es que un profesor finlandés tiene que tener conocimientos de la materia y de Pedagogía. De hecho, en Finlandia los profesores son considerados como los profesionales más importantes de la sociedad.

Por lo que respecta a los hábitos de los alumnos, tres de cada cuatro niños finlandeses de quince años afirman leer todos los días por el simple placer de hacerlo. A diferencia de otros adolescentes europeos, prefieren hojear los periódicos, las revistas, o los cómics a las obras de ficción. Además, la televisión y los videojuegos no entran en sus hábitos diarios y mucho de su tiempo libre lo pasan con otros amigos discutiendo sobre los deberes. A las nueve de la noche ya están en la cama.
Otra de las peculiaridades, casi única en Europa en los tiempos que corren, es la extrema generosidad que caracteriza a los estudiantes finlandeses: contra competitividad, generosidad. «Si alguno de nosotros no ha tenido tiempo de estudiar suficiente o hay algo que no entiende, los demás se lo explicamos. Cuidamos unos de otros... Si algún compañero se siente cansado y no tiene ganas de seguir, todos los demás le animamos y tratamos de ayudarle», dice una alumna.
«No dividimos a los alumnos entre los que van mejor y los que necesitan más tiempo. Aquí todo el mundo es igual. No hay repetidores. No dejamos que ninguno se quede atrás. Si se nos presenta un problema con algún estudiante, lo tratamos inmediatamente con los demás profesores, sus padres, el director del colegio y un psicólogo», confirma una profesora.
(Adaptado de:
http://www.fluvium.org/textos/familia/fam201.htm)

1 En Finlandia la educación es gratuita solo hasta los 16 años.
   a Verdadero   **b** Falso

2 Los padres tienen problemas para elegir el colegio de sus hijos.
   a Verdadero   **b** Falso

3 Los profesores son los causantes de los buenos resultados del sistema educativo finlandés.
   a Verdadero   **b** Falso

4 En Finlandia los profesores tienen que tener conocimientos de la materia y de Pedagogía.
   a Verdadero   **b** Falso

5 Los adolescentes finlandeses pasan mucho tiempo con sus amigos jugando a los videojuegos y viendo la televisión.
   a Verdadero   **b** Falso

Los estudios, ¿una obligación? No **8**

5 **Escribe.**

A Haz un informe sobre las semejanzas y diferencias que existen entre el sistema educativo finlandés y el de tu país. Ten en cuenta los siguientes factores:

- Centros públicos/centros privados.
- Número de estudiantes por clase.
- Metodología.
- Exámenes.
- Calificaciones.
- Requisitos para acceder a la universidad.
- Calendario escolar.

B Lee el siguiente anuncio y escribe una carta solicitando la beca. Puedes consultar la página 43 del Libro del Alumno.

ALUMNOS DE LA UNIÓN EUROPEA, ENTRE 18 Y 24 AÑOS PODRÁN REALIZAR PRÁCTICAS EN EMPRESAS DEL PAÍS EUROPEO QUE SOLICITEN DURANTE EL CURSO ACADÉMICO 2014 -2015.

Condiciones de inscripción:

Los solicitantes deberán presentar:

a Datos personales de la persona que pide la beca.
b Una carta del solicitante en la que explique los motivos por los que solicita la beca.

Nuevo Avance Intermedio

9. Dar las gracias no cuesta dinero

1. Contenidos gramaticales

1 A Completa el texto con los verbos en la forma TÚ de imperativo.

Instrucciones para ducharse

(1) (Quitarse, tú) _____ la ropa para poder lavar bien todo tu cuerpo. A continuación (2) (entrar) _____ en la ducha y (3) (abrir) _____ el grifo. (4) (Empezar) _____ con agua tibia. Después, (5) (subir) _____ la temperatura a tu gusto y (6) (terminar) _____ con un chorro de agua fría sobre las piernas, para que reactive la circulación sanguínea. (7) (Permanecer) _____ bajo la ducha el mayor tiempo posible. (8) (Dejar) _____ que el agua se deslice por tu cuerpo y (9) (estirar) _____ los brazos hacia arriba. (10) (Enjabonarse) _____ y (11) (concentrarse) _____ en la sensación agradable que produce la espuma. Después, (12) (aclararse) _____ y (13) (olvidarse) _____ de todas tus preocupaciones. (14) (Salir) _____ de la ducha y (15) (secarse) _____ con cuidado. Por último, (16) (recoger) _____ el cuarto de baño y (17) (poner) _____ la ropa a lavar, que no vale irse y dejarlo todo tirado.

B Te toca.

Escribe las instrucciones para lavar la ropa sucia.

Lleva la ropa a la lavadora. _____
_____
_____
_____.

2 A Amparo ha intercambiado su apartamento de Bogotá con el de Laura en Valencia. Lee el correo electrónico que Laura le escribe a Amparo dándole instrucciones y complétalo con los verbos indicados con la forma USTED de imperativo.

Para: amparo@smail.com
Cc: laura@smail.com
Asunto: Intercambio de apartamento

Hola, Amparo:
Espero que no esté muy nerviosa por el viaje.
Le escribo algunas instrucciones que le pueden ser útiles:
1 (Llamar) _____ al 4.º Mi vecina Carmen está siempre en casa y tiene mis llaves.
2 Cuando salga, (cerrar) _____ bien la puerta (las dos cerraduras).
3 (Comprar) _____ en el supermercado de la esquina. Es muy barato.
4 (No olvidar) _____ regar las plantas.
5 (Sacar) _____ la basura por la noche, a partir de las ocho.
6 (No poner) _____ la lavadora por la noche; está vieja y hace mucho ruido.
7 (Usar) _____ las toallas y las sábanas que hay en el armario del pasillo.
8 Por las mañanas, (desayunar) _____ en el balcón. ¡Le encantará la vista!
9 (Utilizar) _____ mi coche, está en el garaje. Las llaves están encima de la mesa del comedor.

Pues eso es todo. Cualquier cosa que necesite escríbame o pregunte a Carmen.
Un abrazo,
Laura

Dar las gracias no cuesta dinero

B Te toca.
Ahora escribe las instrucciones que Amparo le enviaría a Laura.

1 _____ .
2 _____ .
3 _____ .
4 _____ .
5 _____ .
6 _____ .
7 _____ .
8 _____ .
9 _____ .

3 Completa estos diálogos con la forma correcta de imperativo del verbo entre paréntesis.

A Santiago y Juan se encuentran en la biblioteca del instituto.

Santiago: ¿Qué te pasa? Estás blanco.
Juan: (1) (venir) _____ conmigo, tengo que contarte algo.
Santiago: ¿Qué dices?
Juan: (2) (salir, tú) _____ conmigo de la biblioteca porque aquí no podemos hablar con tranquilidad.
Estudiante: (3) (callarse, vosotros) _____, por favor.
Santiago: Bueno, (4) (decirme) _____ qué pasa.
Juan: No le (5) (contar, tú) _____ a nadie lo que te voy a decir.
Santiago: Venga, no (6) (ser, tú) _____ tan misterioso. ¿Qué me tienes que contar?

B En el aeropuerto. Ana y su hijo van a coger un avión para Portugal y de pronto...

ATENCIÓN, ATENCIÓN. Viajeros del vuelo FR 2567 (7) (ir, ustedes) _____ al mostrador número cuatro porque este vuelo está cancelado.
Ana: ¿Cómo? ¿Que está cancelado? (8) (Perdonar, usted) _____, ¿dónde y qué hay que hacer para poner una reclamación?
Azafata: (9) (Hacerla, ustedes) _____, pero tiene que ser por internet.
Hijo: No importa, mamá. (10) (hacerla, tú) _____.
Ana: Por favor, (11) (decirme, usted) _____, ¿por qué se ha cancelado mi vuelo?
Azafata: De verdad. (12) (creerme, usted) _____: no lo sé. (13) (Tener, usted) _____ un poco de paciencia, señora.
Ana: Paciencia. No me lo puedo creer.
Azafata: No (14) (gritar, ustedes) _____ y (15) (dejar ustedes) _____ pasar a la gente.
Ana: Hijo, no (16) (discutir, tú) _____ y vámonos.

4 Estos verbos tienen algunas formas irregulares. Completa la siguiente tabla.

	hacer	ir	ser	poner	decir	venir	salir
tú							
usted			*sea*				
vosotros							
ustedes							

Nuevo Avance Intermedio 69

9 Dar las gracias no cuesta dinero

5 Explica qué valor tiene el imperativo en cada una de estas oraciones. (Puedes consultar *Nuevo Avance Intermedio*, página 129)

1. *Por favor* y *Gracias* son dos fórmulas imprescindibles en las relaciones sociales. Úsalas con más frecuencia y también con amigos y familiares. _____
2. Baje la voz y salga de aquí inmediatamente. _____
3. Si el vecino está abriendo la puerta para entrar al vestíbulo, espérelo con la puerta del ascensor abierta hasta que llegue. _____
4. Come y duerme más o te pondrás enferma. _____
5. ● ¿Puedo pasar?
   ▼ Pase, pase. Ahora mismo le atiendo. _____
6. Si viajas en autobús, cédele el asiento a las personas mayores. _____
7. Siga todo recto y, luego, gire a la izquierda. _____
8. Apaguen los móviles, por favor. _____

6 Escucha atentamente y pon los puntos, las comas y mayúsculas que sean necesarias. 🎧17

> **¡ZAPATOS FUERA!**
> Este es un hábito sueco que usted posiblemente habrá podido observar ya en algunos aviones yo lo experimenté por primera vez solo tres días después de la inauguración de nuestra casa en Estocolmo
> Había llamado a un hombre para instalar una antena parabólica y cuando entró en la casa se quitó los zapatos le dije sorprendida: «No se preocupe no es necesario que se quite los zapatos» pero no entendió por qué le decía aquello me miró con cara de extrañeza y se fue para la habitación
> Nunca había experimentado nada semejante a no ser los niños nadie se quita los zapatos al entrar en casa y menos alguien desconocido poco después aprendí que es una práctica muy común ya que quieren evitar introducir en la casa el barro y la suciedad que producen la nieve y la lluvia
> Más allá del motivo del clima es cierto que también los suecos valoran mucho la «comodidad» y estar sin zapatos es más cómodo; así que aprovechan cualquier ocasión haya barro o no para quitárselos
> Por eso ya sabe; si un día llega a su casa y se encuentra a un tipo sin zapatos no se preocupe
>
> (Texto adaptado de Cómo *"hacerse el sueco" en los negocios con éxito* de Federico J. González)

2. Contenidos léxicos

1 En grupos, fijaos en las fotos siguientes y escribid cómo hay que comportarse en cada situación.

Con el paraguas:
Cuando nos metemos debajo del paraguas de otra persona, hay que hacerlo a su derecha, ya que si nos ponemos a su izquierda, tendrá que estirar el brazo para taparnos.

Uso del móvil:
1 _____
_____
_____

Dar las gracias no cuesta dinero

9

A la cola:

2 _____
_____
_____

Al cruzar la calle:

3 _____
_____
_____

En la mesa:

4 _____
_____
_____

Uso de las gafas de sol:

5 _____
_____
_____

3. De todo un poco

1 Interactúa.

A En grupos, describid las historias que veis en los dibujos. No olvidéis poner un título. Después elegid el grupo que ha sido más original.

Nuevo Avance Intermedio 71

9 Dar las gracias no cuesta dinero

B Decálogo para vivir mejor.

En grupos, debéis pensar en consejos para ayudar a una persona a vivir mejor. De entre todas las ideas, las diez más votadas constituirán este decálogo. Recordad que debéis escribir los consejos en imperativo.

1. *Separe problemas reales de imaginarios y elimínelos.*
2.
3.
4.
5.
6.
7.
8.
9.
10.

2 Habla.

Elige uno de estos dos temas y haz una presentación ante toda la clase. Tienes unos minutos para prepararte y, cuando ya estés listo, exponlo durante tres minutos. Después tus compañeros te harán preguntas durante cinco minutos.

A ¿Alguna vez te han echado o conoces a alguien a quien hayan echado de alguna parte?

B ¿Por qué la gente que no saluda es maleducada? ¿Crees que los diferentes gestos y saludos en cada país reflejan maneras distintas de pensar?

El mundo está dividido en tres tipos de personas:
- las que saludan;
- las que no saludan;
- las que saludan selectivamente, solo cuando a ellas las saludan previamente.

Namasté
Saludo hindú, simboliza el deseo de conectar el propio espíritu con el del saludado.

Indio
La palma abierta y lejos de las armas muestra entrega hacia la persona a quien se saluda.

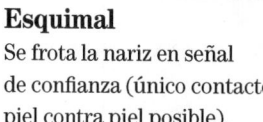

Esquimal
Se frota la nariz en señal de confianza (único contacto piel contra piel posible).

Apretón de manos
Se da con la derecha, la mano que desenvaina el arma, como señal de no agresión.

72   Nuevo Avance Intermedio

Dar las gracias no cuesta dinero

9

3 Escucha.
Tabla de gimnasia

1 Escucha las instrucciones y ordénalas. 🎧 18

Realiza estos ejercicios sentado en una silla, a ser posible en un ambiente relajado.

- ☐ Con la espalda recta, mueve los hombros hacia atrás. Mantén esta posición durante cinco segundos.
- ☐ Sube los brazos y enlaza las manos por encima de la cabeza. Estira los brazos el máximo posible.
- ☐ Gira la cabeza 90° hacia ambos lados, sin bajar la barbilla.
- ☐ Inclina el cuerpo hacia adelante, hasta que la nariz toque las rodillas. Abraza las piernas con los dos brazos.
- ☐ Coloca las manos entrelazadas sobre la cabeza y baja la cara, hasta tocar el pecho con la barbilla.

2 Pregunta a tu profesor/a el vocabulario desconocido.

3 Escucha otra vez la grabación y haz los ejercicios.

4 Escribe las instrucciones en la forma *usted*.

1 _____ .
2 _____ .
3 _____ .
4 _____ .
5 _____ .

4 Lee.

A Con extranjeros: ponte en sus zapatos.

1 Antes de leer.

a ¿De qué crees que va a tratar el texto?

b ¿Qué crees que significa la expresión: *Ponerse en los zapatos del otro*?

1 No juzgar a una persona sin antes saber el porqué de su comportamiento.

2 Ponerse los zapatos de otra persona.

3 Cambiar de lugar continuamente.

Nuevo Avance Intermedio 73

Dar las gracias no cuesta dinero

2 Lee y completa el siguiente texto eligiendo la opción correcta.

Imagínese de viaje de negocios en Tokio. Está usted en las oficinas de una compañía con la que su empresa desea hacer un buen negocio que le (1) _____ colocar 300 000 bolsos en el mercado japonés. Está un poco inquieto porque es la primera vez que va a Japón, pero confía (2) _____ su profesionalidad y en su larga experiencia. Una secretaria le conduce hasta el despacho del directivo asiático, que le espera de pie, con una leve sonrisa en los labios. Cuando llega hasta él, usted abre los (3) _____ de par en par, se le echa encima y le da unas palmadas en la espalda. Dos horas más tarde, en su hotel, aún no comprende (4) _____ ha fracasado. Claro que nadie le dijo que los japoneses son alérgicos al contacto físico y, mucho más, a las palmadas. También triste, recuerda aquel viaje a Rusia donde, instintivamente, se apartó de un buen cliente cuando este intentó darle unos besos en la cara (el otro se lo tomó fatal). El éxito de (5) _____ negociación donde la otra parte pertenece a una cultura distinta a la nuestra depende, en gran medida, de la habilidad que tengamos para ponernos en sus zapatos. Y eso incluye conocer su religión, sus protocolos y costumbres. Si le invitan a alguna celebración, cumpleaños, fiesta o cena organizada por chinos, debe encontrar el término justo con los regalos: hay que ser generoso a la vez que discreto. La ostentación se considera un (6) _____ y está mal vista en la sociedad china. Y recuerde que allí los regalos nunca se abren en presencia de la persona que (7) _____ ha entregado. O, como cuenta Pedro Nonell: «Un empresario en misión comercial a Taiwán decidió llevar camisetas de (8) _____ de color verde. Fue un fracaso absoluto, (9) _____ en ese país, que un hombre vista de verde se interpreta como que su esposa le ha sido infiel».

Así que, si ha llegado la hora de internacionalizarse, no pierda un segundo más en informarse. Un contacto directo con alguien del país de origen también le ayudará. Pero haga lo que (10) _____, por favor: no confíe nunca en su maravillosa sonrisa. Hay quien podría tomársela a mal.

(Texto adaptado de Silvia Nieto)

Opciones:

1. a permitiría   b ha permitido   c permitió
2. a de   b en   c a
3. a ojos   b brazos   c piernas
4. a por qué   b porque   c por que
5. a la   b cualquier   c cualquiera
6. a problema   b defecto   c virtud
7. a les   b lo   c los
8. a rebajas   b moda   c promoción
9. a por que   b así que   c ya que
10. a diga   b sea   c haga

B Poema.

Lee el siguiente poema y elige la opción correcta.

Biografía

No cojas la cuchara con la mano izquierda.

No pongas los codos en la mesa.

Dobla bien la servilleta.

Eso, para empezar.

Extraiga la raíz cuadrada de tres mil trescientos trece.

¿Dónde está Tanganika? ¿En qué año nació Cervantes?

Eso, para seguir.

...

No seas tan loco. Sé educado. Sé correcto.

No bebas. No fumes. No tosas. No respires.

¡Ah sí, no respirar! Dar el no a todos los nos.

Y descansar, morir.

Gabriel Celaya

1 Una «biografía» es...
a el relato de hechos ocurridos en la vida de una persona.
b el relato de libros o escritos referentes a una materia determinada.
c el relato de hechos ocurridos en la vida de una persona escrito por ella misma.

2 Para Gabriel Celaya la vida es...
a una sucesión de órdenes y prohibiciones.
b una experiencia única.
c un lugar de paso.

3 La primera estrofa del poema se refiere a la etapa de...
a la adolescencia.
b la madurez.
c la niñez.

(Podéis buscar información sobre el autor en internet)

5 Escribe.

A ¡Qué bonito es viajar a otro país! Pero, a veces, un inocente gesto, un saludo... te puede amargar el viaje. Escribe una historia en la que cuentes:

- ¿Adónde fuiste? ¿Por qué?
- ¿Viajaste solo/a o acompañado/a?
- ¿Qué te sucedió?

B Escribe instrucciones para dormir en la playa.

1 *Busque un lugar tranquilo.*
2
3
4
5
6
7
8

10 Ellos y ellas

1. Contenidos gramaticales

1 Completa el siguiente texto con *hay* y la forma correcta de *ser* o *estar*.

Teresa y Álvaro quieren hacer un viaje a algún país hispanoamericano. A Teresa le gusta el campo, la playa, la montaña, la naturaleza. Sin embargo, a Álvaro le gustan las ciudades. Teresa ha buscado información en internet sobre Perú y su capital, Lima y sobre Colombia y su capital, Bogotá y después, juntos, van a decidir a qué país van a viajar.
Esta es la información que ha encontrado Teresa:

Lima (1) *es* la capital de Perú. (2) _____ situada en el centro del país, a orillas del océano Pacífico. (3) _____ una de las ciudades más importantes de América con más de ocho millones de habitantes.
En la ciudad de Lima (4) _____ la mayoría de los museos del país. No solo (5) _____ museos dedicados a la cultura precolombina peruana*, sino que también (6) _____ museos de arte, de historia natural y ciencias, religiosos y temáticos. En el centro histórico (7) _____ muestras de la arquitectura colonial, entre las que (8) _____ la Catedral y el convento de San Francisco, así como sus hermosos balcones tallados en madera.
Otro de los grandes atractivos de la ciudad (9) _____ sus playas, donde (10) _____ posibilidad de practicar deportes acuáticos.
El cebiche (11) _____ uno de los platos típicos que (12) _____ en la carta de la mayoría de los restaurantes.

Bogotá (13) _____ la capital de Colombia y (14) _____ ubicada en el centro del país. (15) _____ una ciudad de extraordinarios contrastes, con barrios ricos y, también (16) _____ barrios marginales*. Bogotá (17) _____ una ciudad para todos, (18) _____ actividades y planes para cada gusto.
Visitar esta ciudad (19) _____ respirar cultura: la oferta de museos (20) _____ muy amplia, (21) _____ museos de arte, tecnología, históricos y naturales. El centro histórico de La Candelaria (22) _____ un lugar mágico, acá (23) _____ las casas coloniales con balcones y puertas de madera. A pocos metros del centro histórico (24) _____ el centro internacional con oficinas y edificios modernos.
La oferta de comida típica local (25) _____ amplia y reconocida como una de las mejores de Latinoamérica.
(26) _____ platos típicos: el ajiaco, el cocido, el tamal los jugos de frutas y los postres.

* **la cultura precolombina peruana**: la cultura anterior a los viajes y descubrimientos de Cristóbal Colón.
* **barrios marginales**: zonas donde vive la gente de clase social más baja.

2

A Completa estas frases con los verbos *ser* o *estar*.

1 No deberías fumar. Ya sabes que fumar _____ malo para la salud.

2 ● ¿Dónde _____ Alberto?
   ▼ Creo que _____ malo porque ayer tenía un poco de fiebre.

3 ● Estos zapatos _____ bonitos, pero como los he usado mucho _____ muy viejos.

4 ● ¿Cuándo construyeron estos pisos?
   ▼ No recuerdo muy bien, pero _____ nuevos porque todavía no _____ todos vendidos.

5 ● ¡Qué guapa _____ tu madre!
   ▼ Sí, mi madre ya no _____ joven, pero _____ estupenda.

6 ● ¿Por qué no has comprado pescado?
   ▼ Porque hoy el pescado _____ carísimo.

7 ● Ana _____ muy lista pero no _____ lista para salir y entrar con quien quiera, solo tiene 15 años. ¿Conoces a sus padres?
   ▼ Personalmente no. Pero me han comentado que _____ muy educados.

B Los adjetivos que aparecen en el ejercicio anterior pueden cambiar de significado con *ser* y *estar*. ¿Cuál es la diferencia de significado en cada uno de los siguientes casos?

1 Fumar es malo para la salud / Alberto está malo.
   _____.

2 Estos zapatos son viejos / Estos zapatos están viejos.
   _____.

3 ¡Qué joven es tu madre! / ¡Qué joven está tu madre!
   _____.

4 Ana es muy lista / Ana está lista.
   _____.

C Te toca.
Escribe tú otros ejemplos.

Ellos y ellas

3 Varios viajeros van a recoger las maletas que han dejado en la recepción de un hotel. Lee la siguiente información y completa el diálogo con el posesivo adecuado.

Pedro y Carmen	Marina	Carlos
- Dos maletas: una roja y otra negra. - Una bolsa.	- Un bolso azul de piel. - Unos palos de golf.	- Una maleta negra. - Un paraguas.

Recepcionista: Las personas que quieran recoger su equipaje acompáñenme, por favor. ¿De quién es esta maleta roja?

Carmen: Esa maleta es (1) (de mí) _la mía_.

Pedro: Sí. Esa maleta roja es (2) (de nosotros) _____.

Recepcionista: Aquí tengo otra maleta. ¿Es suya también?

Carmen: No, (3) (de nosotros) _____ es aquella de color negro que está junto a la pared.

Carlos: Esa es (4) (de mí) _____ y la que está detrás es (5) (de vosotros) _____.

Pedro: Exacto, (6) (de ti) _____ es un poco más grande que (7) (de mí) _____.

Recepcionista: Y esta bolsa, ¿es de ustedes?

Carmen: No, no es nuestra. (8) (de nosotros) _____ está encima de ese bolso azul.

Marina: Ese bolso azul de piel es (9) (de mí) _____ y al lado están mis palos de golf.

Recepcionista: De acuerdo. Aquí hay un paraguas. ¿Es suyo, señor?

Carlos: No. (10) (de mí) _____ es de hombre y de color negro.

Recepcionista: Lo siento, pero aquí no hay nada más.

Carlos: Pues entonces alguien se ha llevado (11) (de mí) _____ y ha dejado aquí (12) (de él) _____.

Ellos y ellas 10

2. Contenidos léxicos

1 **A Completa las frases con uno de los siguientes verbos en el tiempo adecuado:** *volverse, quedarse, ponerse* y *hacerse*.

1 ● ¿A quién le concedieron el Premio Cervantes 2010?
   ▼ A Ana María Matute, que _____ boquiabierta cuando le dieron la noticia.

2 ● ¿Quién _____ manco en la Batalla de Lepanto?
   ▼ Miguel de Cervantes, por eso le llaman el «Manco de Lepanto».

3 ● ¿De qué trata el libro *Don Quijote de la Mancha*?
   ▼ Pues de que Don Quijote _____ loco por leer libros de caballería y decidió _____ caballero andante y viajar en busca de aventuras.

4 ● ¡Qué raro ha estado este verano Antonio Banderas con la prensa!
   ▼ Antonio no era así, pero desde que tuvo aquel problema con los periodistas, _____ muy desconfiado.

5 ● ¿Qué actriz española ha tenido su primer hijo en Estados Unidos?
   ▼ Penélope Cruz, que _____ famosa allí cuando le dieron un Óscar.

6 ● ¿Por qué hay tan pocas fotos de Amancio Ortega?
   ▼ Porque _____ nervioso cada vez que ve a un fotógrafo cerca.

7 ● ¿Cómo _____ millonario el hombre más rico del mundo, Carlos Slim?
   ▼ Con mucho esfuerzo, trabajo y suerte.

B Contesta a las siguientes preguntas. Busca en internet la información que no conozcas.

1 ¿Qué es el Premio Cervantes?
_____.

2 ¿A cuántas mujeres les han otorgado este premio?
_____.

3 ¿Cuándo se celebra el «Día del Libro»? ¿Por qué se eligió esa fecha?
_____.

4 ¿Sabías que Amancio Ortega es el hombre más rico de España? ¿Qué otros hombres ricos conoces?
_____.

5 ¿De qué país es Carlos Slim?
_____.

6 Nombra otros personajes que se han hecho famosos en el mundo y explica por qué.
_____.

10 Ellos y ellas

3. De todo un poco

1 Interactúa.

A En grupos de tres o cuatro personas, contestad a estas preguntas, y luego, comparad los resultados con los otros grupos y sacad conclusiones.

- ¿Crees que las tareas domésticas las hacen principalmente las mujeres?
- ¿Por qué la gran mayoría de cargos de responsabilidad son ocupados por hombres?
- ¿Crees que es bueno o malo que los hombres muestren sus sentimientos?
- ¿Los hombres lloran? ¿Dan menos besos que las mujeres? ¿Por qué?
- ¿Son las mujeres más solidarias que los hombres?

B En grupos de tres o cuatro personas, leed con atención cada una de las siguientes descripciones y contestad, en cada caso, si el trabajo lo ejerce un hombre, una mujer o ambos. Luego, comparad los resultados con los otros grupos y sacad conclusiones.

a Desde hace años trabajo en una pastelería. Me encargo de realizar los adornos de los pasteles y de las tartas y de confeccionar recetas nuevas. Trabajo por la noche y por la mañana estoy en la pastelería, donde tengo que estar siempre amable con los clientes. Lo peor de mi trabajo es que no le puedo dedicar a mi familia mucho tiempo.

b Trabajo en la jardinería. Me encargo de cuidar los árboles y plantas. Trabajo en el invernadero* y los jardines, ya que tengo que plantar, cuidar de los brotes y preparar la tierra. No me importan los cambios de tiempo, ni los viajes para entregar los encargos. Mi trabajo depende de las estaciones, por lo que cambio mucho de horario.

c Trabajo en la electrónica. Suelo fabricar aparatos de gran precisión, que requieren toda la atención y una gran destreza. A veces tengo que desplazarme a los sitios más peligrosos para realizar reparaciones, por lo que intento mantenerme en forma.

d Trabajo en una guardería. Estoy con niños de cero a tres años, que necesitan mucha atención. Me paso todo el día agachándome para estar a la altura de los niños y de las niñas, por lo que a veces me duele mucho la espalda. No tengo mucho tiempo para estar con mi familia, ya que trabajo todo el día.

*__Invernadero:__ lugar preparado artificialmente para cultivar las plantas fuera de su ambiente y clima habituales.

Ellos y ellas

10

2 Habla.

Haz una presentación de este tema ante toda la clase. Tienes unos minutos para prepararte y, cuando ya estés listo, exponlo durante tres minutos.
Después tus compañeros te harán preguntas durante cinco minutos.

3 Escucha.

¿Nos vemos hoy?

1 Escucha la grabación y contesta a las preguntas.

   a ¿Quiénes son los personajes que hablan? ¿De qué hablan?
   b ¿Por qué va él a Salamanca?
   c ¿Qué propone el hombre? ¿Qué propone ella?
   d ¿Cómo y dónde quedan?

2 Vuelve a escuchar y comprueba tus respuestas.

3 En parejas, leed el texto (página 134). Procurad poner la entonación adecuada.

4 Lee.

A **La Celestina**.

1 Antes de leer habla con tus compañeros: ¿cómo crees que eran las relaciones entre hombres y mujeres en el siglo XV?

2 Lee el resumen de *La Celestina* y contesta si las afirmaciones son verdaderas (V) o falsas (F).

> *La Celestina* es una de las obras más importantes de la literatura española. Esta obra de Fernando de Rojas es un claro ejemplo de cómo ha evolucionado el papel de la mujer desde el siglo XV al XXI.

Calisto, un joven inteligente y de clase alta, conoce por casualidad a la bellísima Melibea y se enamora de ella. Vuelve a encontrársela en la ciudad, cerca de la iglesia, y le comunica sus sentimientos, pero ella lo rechaza. Vuelve Calisto a su casa y confiesa su amor y su dolor a su criado Sempronio. Este le propone que utilice a la vieja Celestina como intermediaria para conseguir el amor de Melibea.

Sempronio y Pármeno, criados de Calisto, de acuerdo con Celestina, quieren aprovecharse de la situación.

	V	F
1 Sempronio es un joven de clase media amante de Melibea.		
2 Melibea está muy enamorada de Sempronio.		
3 Pármeno y Sempronio son criados de Calisto.		
4 Celestina es la mejor amiga de Melibea.		

Nuevo Avance Intermedio   81

10 Ellos y ellas

3 Lee este fragmento de la *Celestina* donde Calisto habla con su criado Sempronio y describe a su amada Melibea y contesta a las siguientes preguntas.

> **ACTO I**
> **ESCENA PRIMERA**
> **Sempronio:** Que me digas cómo es Melibea.
> **Calisto:** Comenzaré por sus cabellos. ¿Ves las madejas de oro de Arabia? Más brilla su pelo. Los ojos son verdes, las pestañas largas, las cejas delgadas, la nariz mediana, la boca pequeña, los labios rojos y gruesos. El pecho alto y redondas sus tetas. La piel más blanca que la nieve.
>
> **Sempronio:** A pesar de todo esto, tú eres mejor que ella.
> **Calisto:** ¿Por qué?
> **Sempronio:** Porque ella es imperfecta. Porque ella te quiere a ti. ¿No has leído al filósofo que dice: así como el barro busca su forma, así la mujer busca al hombre?
> **Calisto:** ¡Oh, cuándo veré eso en Melibea!

(*La Celestina*. Literatura Hispánica de fácil lectura. Editorial SGEL)

a La descripción que hace Calisto de Melibea corresponde al ideal de belleza femenina del siglo xv. ¿Qué diferencias crees que hay con el ideal de belleza femenino actual?
b ¿Qué opina Sempronio de las mujeres?

B La lectura.

1 Antes de leer.

a ¿Conoces a mucha gente que lee?
b La lectura, ¿es algo de gente mayor o es un hábito sin edad?
c ¿Quiénes crees que leen más, los hombres o las mujeres?
d ¿Qué tipo de lectura prefieren las mujeres? ¿Y los hombres?
e ¿Quiénes leen más el periódico, los hombres o las mujeres?

2 Completa el siguiente texto eligiendo para cada uno de los huecos una de las tres opciones que se ofrecen.

> **EL LECTOR ES LECTORA**
>
> Según el estudio sociológico de *Hábitos de lectura y compra de libros 2010*, el número de lectores (1) _____ en los últimos cinco años en España en 1 573 450 personas.
> El estudio (2) _____ también que el perfil del lector de libros es el de una mujer menor de 65 años con, al menos, estudios secundarios. Además, está acostumbrada a la lectura digital y afirma (3) _____ usuaria de internet.
> (4) _____ los datos de este informe, las diferencias entre sexos aún se mantienen en el (5) _____ de lectura de España. El porcentaje de mujeres que leen libros en su tiempo libre, sigue siendo mayor que el de hombres: el 61,6% frente al 52,2%.
> El estudio interpreta que, (6) _____ la mejora de las cifras, el número de no lectores o de lectores (7) _____ sigue siendo muy importante, ya que la lectura sigue sin formar parte de los hábitos de la mitad de los españoles.
>
> Si se analizan las causas de ello, la mayoría de las mujeres no lectoras o que leen esporádicamente explican que se debe a la (8) _____ de tiempo.
> (9) _____ los hombres, es mayoritario el número de aquellos que aseguran que no les gusta leer –un 53% de no lectores– o que prefieren emplear su tiempo en otros entretenimientos.
> En lo que coinciden hombres y mujeres es en que prefieren las novelas históricas. La lectura de periódicos es (10) _____ frecuente entre los hombres que en las mujeres: 83,5% frente a 72,9%.
> Y mientras que las mujeres que leen periódicos prefieren los de información general, los hombres se decantan por la información deportiva. En el caso de las revistas, las mujeres tienen un mayor hábito que los hombres.
>
> (Fuente: *http://www.deia.com*)

82 Nuevo Avance Intermedio

1 a creció   b fue   c hubo
2 a rebela   b revela   c sustituye
3 a estar   b tener   c ser
4 a según   b además   c por otra parte
5 a costumbre   b hábito   c rutina
6 a aunque   b a pesar de   c con
7 a atrasados   b verdaderos   c esporádicos
8 a falta   b exceso   c abundancia
9 a según   b para   c en el caso de
10 a muy   b más   c tanto

5 Escribe.

Aquí tienes una historieta con las viñetas desordenadas. Ordénalas, describe y narra lo que ves. Usa los adjetivos que has aprendido en la Unidad 10 para la descripción.

11. Me lo dijeron dos veces

1. Contenidos gramaticales

1 Pedro ha olvidado el teléfono móvil en casa y llama a su padre para que le diga los mensajes. Léelos y escribe lo que le dice el padre a Pedro.

1 Soy Carmen. Esta mañana no te he visto en clase. Te he traído el libro. Llámame. Adiós.

2 Sms: He aprobado el carné de conducir. Marichu.

3 Soy yo, Jaime. Te he llamado dos veces, pero no contestas. Hemos quedado a las nueve en el bar de la esquina para preparar la fiesta del sábado.

4 ¡Pedro! Soy Pablo. Estoy mejor pero todavía no puedo andar. Por favor, pásate por mi casa y tráeme una peli. ¡Gracias!

5 ¡Hola Pedro! Ayer me dejé las gafas de sol en tu casa. ¿Cuándo puedo ir a recogerlas? Marta.

6 Le llamamos de Óptica Ángel. Hemos recibido las lentillas que nos encargó. Gracias.

1 De **Carmen** a las 10:00.
Dice que no te ha visto en clase y que te ha llevado el libro. Que la llames.

2 Y un sms de **Marichu**. Pone que _____

3 De **Jaime** a las 10:30. Dice que _____

4 De **Pablo** a las 10:45. Dice que _____

5 De **Marta** a las 11:15. Dice que _____

6 De **la óptica** a las 12:10. Avisa de que _____

11 Me lo dijeron dos veces

2 Lee este diálogo y contesta a las siguientes preguntas.

Jaime: ¡Hombre! Cuéntanos qué te ha pasado, que llevamos todo el día llamándote.
Pedro: Nada grave. Que me he dejado el móvil en mi casa. He llamado a mi padre para que me lea los mensajes de voz y me ha dicho que estabais aquí.
Jaime: Anda, siéntate.
Marta: He estado hablando con Paco por *Skype*.
Jaime: Yo también hablé ayer con él.
Pedro: Pero, ¿dónde está Paco?
Marta: En Venezuela.
Pedro: ¿En Venezuela? No me había comentado nada.
Marta: Le han dado una beca para estudiar hostelería. Me dijo que el lunes había estado visitando mi ciudad, Mérida, y que le había encantado.
Jaime: A mí también me contó que había estado en casa de tu hermana, pero tuvo que marcharse pronto porque estaba muy cansado.
Pedro: Le estará afectando el *jet lag*.
Marta: También se quejó de que tenía muchas reuniones largas y aburridas.
Pedro: ¿Y qué más os ha contado?
Marta: Bueno, que le había gustado mucho el Hotel Escuela de Mérida, pero que tendría que viajar a otras ciudades para visitar hoteles, posadas, etc.
Pedro: ¿Se va a quedar mucho tiempo?
Jaime: Cuando le pregunté me dijo que si encontraba trabajo se quedaría allí una temporada.
Pedro: Dadle saludos de mi parte cuando habléis nuevamente con él, ¿vale?
Marta: Por supuesto. Me dijo que mañana por la tarde se comunicaría conmigo otra vez. Ahora os tengo que dejar. Llevo toda la tarde fuera de casa.
Pedro: Bueno. Hasta otro día. Yo me quedo un rato más con Jaime.
Marta: Chao.

1 ¿Quiénes hablan? _____
2 ¿De quién hablan? _____
3 ¿Dónde está Paco? _____
4 ¿Qué dijo Paco por *Skype* a Marta? Paco dijo a Marta que _____
5 ¿Qué le contó Paco a Jaime? Paco contó a Jaime que _____
6 ¿Qué preguntó Jaime a Paco? _____

3 Escribe el artículo adecuado (*el/la/los/las*) delante de los siguientes nombres.

1	___ lunes		11	___ agua
2	___ idioma		12	___ traje
3	___ televisión		13	___ mano
4	___ foto		14	___ color
5	___ aula		15	___ excursión
6	___ buzón		16	___ carne
7	___ juventud		17	___ mapa
8	___ problema		18	___ moto
9	___ radio		19	___ dolor
10	___ canción		20	___ flores

4 Completa los diálogos con una de las palabras del ejercicio anterior y uno de los artículos (*el/la/los/las*).

1 ● ¿Qué prefieres, ver _____ o escuchar _____?
   ▼ Ni una cosa ni otra, en mi tiempo libre prefiero chatear con mis amigos.

2 ● ¿Habéis estado en el restaurante que han abierto al lado de mi casa?
   ▼ Sí, estuvimos el sábado por la noche y _____ que comimos estaba muy rica.

3 ● ¿Te has comprado _____ de chaqueta que vimos en el escaparate?
   ▼ No, no me lo compré porque era demasiado caro. Además a mí nunca me ha gustado _____ amarillo.

4 ● ¿Tienes tiempo para ayudarme con los ejercicios de matemáticas? No puedo resolver _____ que ha mandado el profesor y además tengo dolor de cabeza.
   ▼ Lo siento, pero tengo que irme rápidamente en _____ para echar unas cartas urgentes en _____. Por cierto, para _____ tómate una pastilla y descansa un poco.

5 ● ¿Cómo estuvo el Festival de Eurovisión?
   ▼ Pienso que _____ que ganó era demasiado romántica.

6 ● _____ leí en internet que «_____ mejor preparada de nuestra historia vivirá peor que sus padres».
   ▼ Estoy totalmente de acuerdo.

5 A Forma palabras compuestas con uno de los verbos del recuadro y una de las fotografías.

posa • corta • porta • pinta • abre • casca • saca (x2) • quita

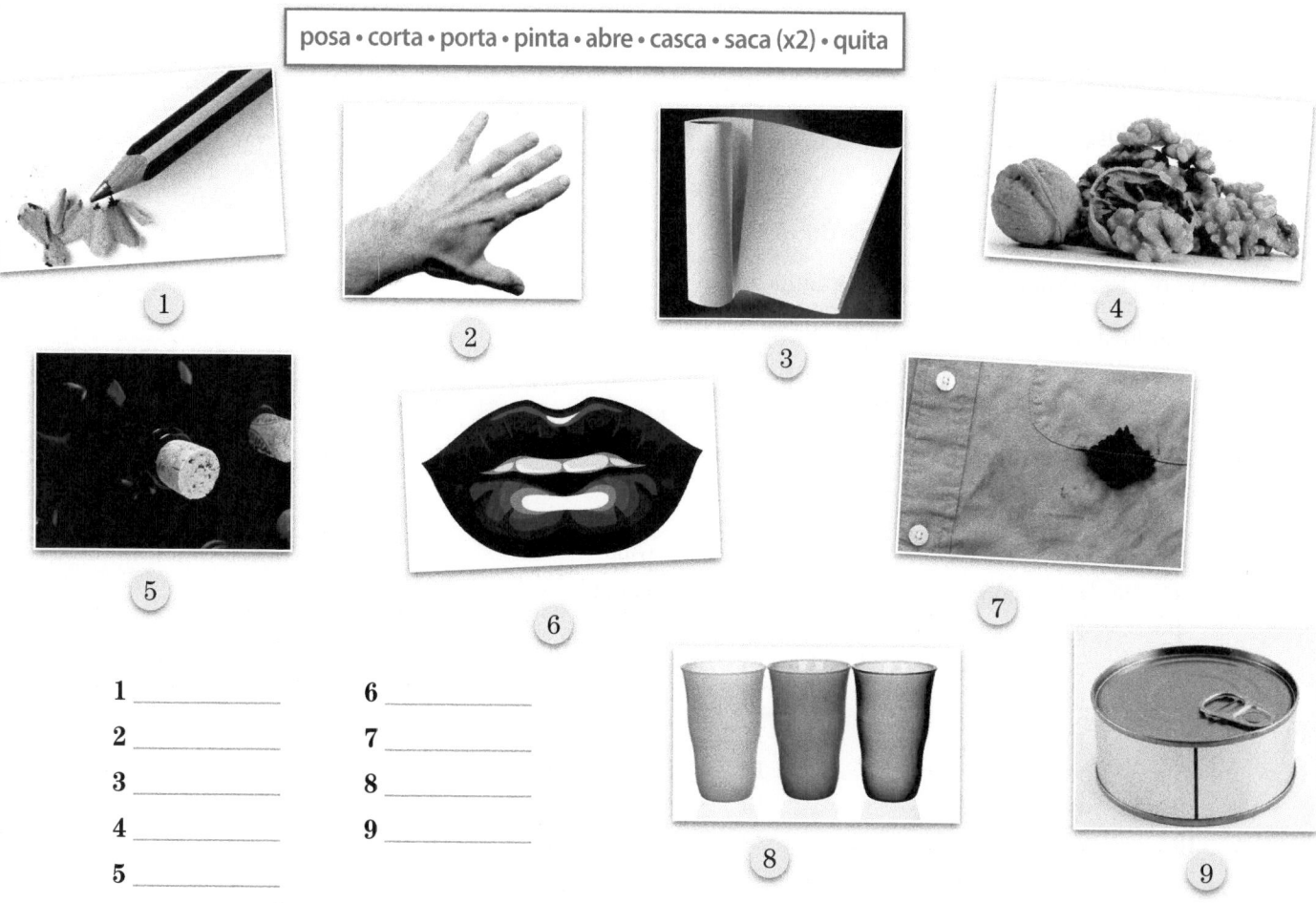

1 _____ 6 _____
2 _____ 7 _____
3 _____ 8 _____
4 _____ 9 _____
5 _____

11
Me lo dijeron dos veces

B Escribe una definición para cada una de las palabras anteriores.

1 Sacapuntas: *instrumento para afilar lápices.*

2 _____

3 _____

4 _____

5 _____

6 _____

7 _____

8 _____

9 _____

2. Contenidos léxicos

1 En el texto aparecen palabras que se usan en Hispanoamérica. Encuéntralas y escribe el sinónimo que se utiliza en España. También hay una diferencia con un tiempo verbal, ¿cuál es?

Perdí el trabajo

● Hola, ¿por qué estás así?

▼ Es horrible todo lo que me pasó hoy. ¡Me dormí! ¡No sonó el despertador! Eran las ocho y media y a las nueve tenía una reunión con el jefe. Corrí a la ducha. Abrí el grifo y salió un chorro de agua helada. No tenía agua caliente.

● ¡Con el frío que hace!

▼ Bueno, me duché casi sin respirar. Y cuando me estaba vistiendo, vi que a mi saco le faltaba un botón. Salí a la calle sin desayunar porque no tenía nada en la heladera.

● ¡Vaya mañana! ¿No?

▼ Pero déjame que siga. Llegué al aparcamiento y mi carro no estaba. Lo había dejado aparcado delante de mi casa encima de la vereda. Se lo había llevado la grúa.

● ¡Dios mío! Entonces, ¿qué hiciste?

▼ Tomé el colectivo. Fui a pagar el boleto pero no encontraba la cartera, menos mal que tenía algo de dinero en el bolsillo del pantalón.

● Pero, ¿conseguiste llegar?

▼ Sí, llegué nervioso y agotado porque los ascensores se habían estropeado y tuve que subir los ocho pisos a pie. Mi jefe me estaba esperando —con un gesto no muy amable— por llegar una hora tarde. Me entregó un papel. Busqué mis anteojos, me los puse y leí: «Está usted despedido».

● No puede ser verdad.

1 _____   5 _____

2 _____   6 _____

3 _____   7 _____

4 _____

3. De todo un poco

1 Interactúa.

A Ventajas y desventajas de viajar y conocer otras culturas

En grupos de tres o cuatro personas, reflexionad sobre las ventajas y desventajas de viajar y luego, comparad los resultados con los otros grupos y sacad conclusiones.

| INICIO | ME ENCANTA VIAJAR | | SUSCRIBE: POST | COMENTARIOS |

Me encanta viajar.
Abro este blog para hablar del maravilloso mundo de los viajes. Una de las partes con las que más disfruto es cuando planeo el viaje. Para mí el viaje comienza desde el momento en que decido organizarlo. Los momentos de decidir dónde, cómo y cuándo ir son apasionantes.
También los viajes nos ayudan a conocernos mejor y a entender más nuestra cultura.

Deja tu comentario

Alex dijo:
Pues a mí no me gusta viajar. Me pone nervioso y siempre me falta algo que necesito. Todo lo que quiero está en otro sitio. Además la gente que viaja mucho, al final, se siente como un turista en su propio país.

Luchi dijo:
Viajar...
Ahora todo el mundo tiene que viajar. Si no viajas, parece que no eres nadie. Pues a mí no me apetece viajar y menos en verano, o en vacaciones. Hay muchas otras cosas aparte de viajar. Yo respeto a la gente a la que le gusta viajar, pero si yo digo que no me gusta viajar, me miran mal.

B Adivina, adivinanza

Aquí tenéis unas adivinanzas. En parejas, tenéis unos minutos para adivinar cada una de ellas. ¿Quién lo ha hecho mejor y en menos tiempo?

Siempre dicen que lo quieren para hacer buenas jugadas pero cuando lo consiguen, lo reciben con patadas.

1. ¿Qué es? _____

En él va la familia y el equipaje, y se pasa las noches en el garaje.

2. ¿Qué es? _____

Blanca por dentro, verde por fuera; si quieres que te lo diga, espera.

3. ¿Qué es? _____

Vivo en las calles, tengo tres ojos; todos me miran si me ven rojo.

4. ¿Qué es? _____

Oro parece plata no es; el que lo adivine, tonto no es.

5. ¿Qué es? _____

Corta bien y no es un cuchillo, afila y no es afilador, y te da sus servicios para que escribas mejor.

6. ¿Qué es? _____

2 Habla.

Haz una presentación del siguiente tema ante toda la clase. Tienes unos minutos para prepararte y, cuando ya estés listo/a, exponlo durante tres minutos. Después, tus compañeros/as (y tu profesor/a si así lo desea) pueden formularte preguntas.

Elige una o dos de las frases siguientes sobre viajes y coméntala/s con tus compañeros/as.

Los viajes son en la juventud una parte de educación y, en la vejez, una parte de experiencia.
Sir Francis Bacon.

El que no sale nunca de su tierra está lleno de prejuicios.
Miguel de Unamuno.

He descubierto que no hay forma más segura de saber si amas u odias a alguien que hacer un viaje con él.
Carlo Goldoni.

El que lee mucho y anda mucho, ve mucho y sabe mucho.
Miguel de Cervantes.

Un viaje es una nueva vida, con un nacimiento, un crecimiento y una muerte. Aprovechémoslo. René Descartes.

11 Me lo dijeron dos veces

3 Escucha.

Viajar a Perú. 🎧 20

1 Antes de escuchar.
Busca información sobre los mejores destinos turísticos de Perú.

2 Escucha el diálogo y contesta verdadero (V) o falso (F).

		V	F
a	Alejandro acaba de volver de un viaje por Perú.		
b	Elena va a visitar a su familia que vive en las islas Flotantes de los Uros.		
c	Alejandro aconseja a Elena que visite Machu Picchu.		
d	A Elena no le gusta viajar en tren.		
e	Elena debe comer en Perú frutas y cebiche.		

4 Lee.

A Un turista en México.

Lee el texto y responde a las preguntas.

> Un español, que ha pasado muchos años en Estados Unidos tratando de hablar inglés, decide irse a México porque allí se habla español. En seguida se lleva sorpresas.
> En el desayuno le ofrecen *bolillos*. ¿Será una especialidad mexicana? Son humildes panecillos.
> Al salir a la calle tiene que decidir si toma un camión o un taxi.
> Llama por teléfono, y apenas descuelga el auricular oye: "¡Bueno!", lo cual parece una aprobación algo prematura.
> Le dice al taxista que lo lleve al hotel, y este le contesta:
> – Luego, señor.
> – ¡Cómo luego! Ahora mismo.
> – Sí, luego, luego.
> Está a punto de estallar, pero le han recomendado prudencia. Después comprenderá que *luego* significa "al instante".
> Le han hablado de la cortesía mexicana: no debe pronunciar el antipático *NO*. Va a visitar a una persona, para darle una carta, y le dicen: "Hoy se levanta hasta las once". Es decir, *no* se levanta hasta las once. Quiere entrar en el Museo a las nueve de la mañana, y el guardián no le deja pasar: "Se abre hasta las diez". Es decir, no abrimos hasta la diez.
> Nuestro español ya no se atrevía a abrir la boca, así que se marcha a Colombia donde le han dicho que se habla el mejor castellano de América.
> En Colombia pide un tinto y no le dan vino sino café negro. Después, quiere entrar en una oficina y golpea la puerta. Le contestan enérgicamente:
> – ¡Siga!
> Se marcha muy enfadado, pero salen a buscarle. *Siga* significa "pase".

a ¿Qué son los bolillos en México?
  1 Unas bolas pequeñas.
  2 Unos panecillos para el desayuno.

b En México descolgamos el teléfono y, ¿qué decimos?
  1 ¿Dígame?
  2 ¡Bueno!

c ¿Qué significa 'luego' en México?
  1 Ahora mismo. Al instante.
  2 Más tarde.

d ¿Qué es un tinto en Colombia?
  1 Un café.
  2 Un refresco.

e ¿En qué país le dijeron que se habla el mejor castellano de América?
  1 México.
  2 Colombia.

Me lo dijeron dos veces **11**

B **Mafalda.**

1 Lee esta historieta de Mafalda y resume con otras palabras lo que dice cada uno de los personajes.

Un vendedor llama a la puerta de la casa de Mafalda y le pregunta...

(Fuente: *http://es.wikipedia.org/wiki/Mafalda*)

2 Responde a las siguientes preguntas y coméntalas con tus compañeros/as.

a ¿Por qué crees que a Mafalda no le parece original el vendedor?

b ¿Qué tipo de persona crees que es Mafalda?

c ¿Cómo crees que reaccionó el vendedor?

d ¿De qué época crees que es esta historieta?

5 Escribe.

Imagina que estás de viaje en un país que conoces muy bien y desde allí escribes una postal a un familiar o a un/a amigo/a que habla español. Ten en cuenta los siguientes puntos:

- Saludo.
- Incluir introducción.
- Contar cómo lo estás pasando y qué estás haciendo y viendo.
- Mencionar los problemas que has tenido los primeros días.
- Hablar de la comida, el paisaje, el tiempo…
- Despedida.

Nuevo Avance Intermedio **91**

12 El mundo del trabajo

1. Contenidos gramaticales

1 **A** Lee la siguiente conversación y realiza las actividades que se proponen.

Adela: ¡Hola Luis! Te voy a dar una gran noticia. Por fin tengo trabajo. Hace unos días me encontré en el periódico un anuncio que decía: SE NECESITA RECEPCIONISTA. Envié la solicitud y dos días después me llamaron para una entrevista. Me han hecho un contrato en prácticas para los tres meses de verano, no es mucho, pero estoy muy contenta.

Luis: ¡Enhorabuena! ¡Cuánto me alegro! ¿Qué horario tienes?

Adela: Me han dicho que voy a trabajar en el turno de noche, de 12:00 a 8:00 de la mañana. Pero, ¡qué más da!* Al trabajar por la noche,* tienes la tarde libre para ir a la piscina, ver a los amigos...

Luis: Ojalá yo también encuentre un trabajo para este verano.

Adela: Si tienes paciencia, sigues buscando y no te desanimas, siempre vas a encontrar algo.

Luis: Perdona, Adela. Llaman a la puerta. ¿Te importa si te llamo más tarde?

Adela: ¡Vale! Hasta luego.

> **¡Qué más da!** = Es igual, da lo mismo.
> **Al trabajar por la noche** = Cuando trabajas de noche.

B Subraya las formas verbales que expresan impersonalidad.

C Haz una lista con las oraciones impersonales y explica por qué lo son. (Puedes ayudarte de *Nuevo Avance Intermedio*, página 174).

1 _____
2 _____
3 _____

El mundo del trabajo

2 Convierte los siguientes titulares en oraciones impersonales. No olvides que no te interesa mencionar el sujeto.

1 Protección Civil avisó rápidamente del peligro de inundación en esa zona.
   Se avisó rápidamente del peligro de inundación en esa zona.
   Avisaron rápidamente del peligro de inundación en esa zona.

2 Los españoles viven con más comodidades que antes.

3 Según las estadísticas, los trabajadores hablan bien de los representantes sindicales.

4 En muchas ciudades, durante los últimos años, las empresas constructoras han edificado sin tener compradores o sin pensar en ellos.

5 Todos los forofos del equipo local insultaron al árbitro al final del partido.

6 Los policías detuvieron al ladrón.

7 Rápidamente, la policía alejó a los curiosos del lugar del accidente.

3 Completa los diálogos con una de las siguientes perífrasis y el verbo indicado entre paréntesis.

> *llevar* + gerundio • *estar* + gerundio • *seguir* + gerundio (x2) • *tener que* + infinitivo
> *empezar a* + infinitivo • *dejar de* + infinitivo • *llevar sin* + infinitivo • *volver a* + infinitivo
> *ponerse a* + infinitivo • *hay que* + infinitivo • *seguir sin* + infinitivo • *ir a* + infinitivo

1 ● (Trabajar) *Llevo trabajando* un año y medio desde casa y (engordar) _____, ¿qué puedo hacer?
   ▼ El teletrabajo no (ser) _____ sinónimo de vida sedentaria. (Hacer) _____ un poco de deporte cada día y (fumar) _____. Tu salud te lo agradecerá.

2 ● (Ir) _____ a clase más de un mes y no te lo (repetir) _____: (estudiar, tú) _____ en serio. (Ser) _____ más responsable.
   ▼ Lo siento, pero es que (entender) _____ para qué estudiar si no me sirve para mi futuro.

3 ● Empecé a trabajar en esta empresa cuando tenía 27 años y con 46 años (trabajar) _____ aquí, pero ahora (buscar) _____ trabajo fuera de España.
   ▼ Pues, no sé por qué. Sabes que tus compañeros te respetan mucho, te quieren y (echarte) _____ mucho de menos.

Nuevo Avance Intermedio

12 El mundo del trabajo

4 Ordena las oraciones siguientes.

1 la felicidad / mucha gente / buscando / en las cosas materiales / sigue
___

2 ganando / varios campeonatos seguidos / al fútbol / lleva / España
___

3 el único animal / el hombre / en la misma piedra / a tropezar / es / que vuelve
___

4 varios años / jóvenes llevan / hay / que / sin trabajar
___

5 a escribir / para encontrar trabajo / tu currículum vítae / ponte
___

6 de entre 30 y 35 años / muchos jóvenes españoles / siguen / en casa de sus padres / viviendo
___

7 se fueron / no he vuelto / desde que / de aquí / a verlos
___

5 Con tu compañero/a, escribid todas las perífrasis verbales que podáis a partir de los siguientes verbos, después haced oraciones con cada una de ellas:

Bailar 1

Limpiar 3

Patinar 4

Charlar 5

Caminar 6

Estudiar 2

Besar 7

1 *Llevan bailando juntos desde que se conocieron.*
2 ___
3 ___
4 ___
5 ___
6 ___
7 ___

94 *Nuevo Avance Intermedio*

El mundo del trabajo **12**

2. Contenidos léxicos

1 Completa las definiciones con el tipo de jornada laboral adecuado.

> Jornada continua • Trabajo por turnos • Trabajo nocturno
> Trabajo en festivos • Jornada partida • Horas extraordinarias

1 _____: cuando en la mitad de la jornada hay una interrupción del trabajo de, al menos, una hora de duración.

2 _____: cuando se inicia y finaliza la jornada con una interrupción de quince a treinta minutos para descansar o tomar algún alimento.

3 _____: cuando la jornada está comprendida entre las diez de la noche y las seis de la mañana del día siguiente.

4 _____: cuando se establecen periodos de trabajo rotatorios entre los trabajadores, y van alternando mañana, tarde o noche.

5 _____: cuando el trabajo se realiza en días de fiesta.

6 _____: son las horas de trabajo efectivo que se realizan sobrepasando la duración máxima de la jornada de trabajo legal establecida. El número de estas horas no puede ser superior a ochenta al año.

(Fuente: *http://www.buscatrabajo.org*)

2 Elige la opción correcta.

1 El Gobierno va a mantener las pagas extras de los funcionarios.
  a Los funcionarios van a recibir en diciembre y en julio un sueldo doble.
  b El Gobierno tiene problemas para pagar a los funcionarios.

2 Los trabajadores protestan porque el sueldo no les llega a fin de mes.
  a Los trabajadores protestan porque no tienen dinero suficiente para vivir.
  b Los trabajadores protestan porque no reciben dinero a fin de mes.

3 Hace tiempo que no veo a Juan porque sigue de baja.
  a Juan está de vacaciones.
  b Juan no está trabajando.

4 Estuvo mucho tiempo en paro.
  a No tenía trabajo.
  b No podía moverse.

5 Los sindicatos convocaron una huelga.
  a Los sindicatos estaban en contra de la huelga.
  b Avisaron que pararían el trabajo en las empresas.

Nuevo Avance Intermedio 95

3. De todo un poco

1 Interactúa.

A En grupos de tres o cuatro personas, escribid los consejos para superar una entrevista de trabajo, luego comparad los resultados con los otros grupos y escribid una lista con las conclusiones. Tened en cuenta las tres partes que componen una entrevista:

- **Antes de la entrevista:**
  - Cuida la manera de vestir, la puntualidad.
  - Llega puntual a la entrevista (cinco minutos antes).
  - Lleva el currículum actualizado y conócelo perfectamente ya que se basarán en él.

- **Durante la entrevista:**
  Las primeras impresiones son muy importantes: cuidado con los saludos, los gestos, la actitud...
  - Saluda al entrevistador de forma convencional: buenos días, buenas tardes.
  - No cruces los brazos ni te muevas demasiado.

- **Después de la entrevista:**
  - Analiza los resultados, ya que pueden servirte para otras entrevistas.

B En grupos de tres o cuatro personas, elaborad un anuncio de trabajo para exponerlo en clase. Luego, entre todos, elegid los anuncios que más os gusten.

NOMBRE DE LA EMPRESA

Puesto

Se necesita: _____

Se requiere: _____

Se ofrece: _____

Después, representad una entrevista de trabajo con los anuncios que habéis elegido. Una persona del grupo hace de candidato/a y el resto son los entrevistadores. Antes de la entrevista de trabajo tenéis que preparar un cuestionario para el/la candidato/a.

- Preguntas sobre la vida personal.
- Preguntas sobre formación.
- Motivos por los que solicita el puesto.
- Preguntas sobre experiencia laboral.

El mundo del trabajo **12**

2 Habla.

Elige uno de los siguientes temas y haz una presentación ante toda la clase. Tienes unos minutos para prepararte y, cuando ya estés listo/a, exponlo durante tres minutos. Después, tus compañeros/as (y tu profesor/a si así lo desea) pueden formularte preguntas.

A Entrevístate a ti mismo.

- Habla de ti.
- ¿Te consideras un/a líder o un/a seguidor/a? ¿Por qué?
- ¿Cuál ha sido la decisión más importante que has tomado últimamente?
- Defínete a ti mismo con cinco adjetivos calificativos. Justifícalos.
- ¿Qué has aprendido de tus errores?
- ¿Acabas lo que empiezas?
- Piensa en un/a profesor/a, un/a amigo/a, tu novio/a. ¿Qué opinan de ti?
- ¿Cuál fue la experiencia más gratificante durante tu vida como estudiante?
- Por último, ¿qué impresión crees que tus compañeros han sacado de ti tras esta entrevista?

B ¿Qué opinas de la profesión de...?
Comenta a tus compañeros/as qué cualidades y características deben tener las personas que se dedican a las siguientes profesiones.

maestro/a

enfermero/a

camarero/a

político/a

Nuevo Avance Intermedio 97

12 El mundo del trabajo

3 Escucha.

A Las aficiones de Elda 🎧 21

1 Escucha el diálogo y contesta verdadero (V) o falso (F).

	V	F
a A Elda le gusta bailar rumbas.		
b Elda dice que es aficionada al golf y al esquí.		
c A Elda le gusta montar en bicicleta en su tiempo libre.		
d Elda afirma que le encanta cocinar y comer.		
e En Colombia la gente es muy tranquila.		

2 ¿Qué quiere decir *chévere*?

   a Agradable, divertido.   b Peligroso, problemático.

3 ¿Recuerdas algunos recursos para expresar lo que a uno le gusta o no le gusta? Anótalos.

_____
_____
_____
_____

B Entrevista. 🎧 22

1 Antes de escuchar, responde: ¿Cuáles serán las profesiones con mayor futuro? Coméntalo con tus compañeros/as.

_____
_____
_____
_____

2 Contesta a estas preguntas.

   a ¿A cuántas personas han entrevistado?

_____

   b ¿Cuáles son las profesiones con mayor futuro?

_____

   c ¿Estás de acuerdo con los/as entrevistados/as?

_____

4 Lee.
Vivir sin trabajar.

1 Antes de leer.

   a ¿De qué crees que puede tratar el texto que vas a leer?

   b ¿Prefieres trabajar con máquinas o con personas?

2 Lee.
Completa el siguiente texto eligiendo para cada uno de los huecos una de las tres opciones que te ofrecemos.

Me decía ayer una amiga, hablando (1) _____ disfrutar o no disfrutar con el trabajo, una frase más o menos así: «Si trabajas en lo que te gusta, no trabajarás ningún día de tu vida».

Me pareció genial la frase y me recordó algunas etapas de mi vida (2) _____ el trabajo que realizaba no me gustaba. Con el trabajo a veces pasa como en las relaciones de pareja: empiezas muy enamorado de tu profesión pero con el tiempo llega el (3) _____, el aburrimiento y, en ocasiones, el odio. Los motivos pueden ser diversos: evolución del ambiente laboral en la empresa (4) _____ trabajas, relaciones con compañeros, con jefes...

(5) _____ me dedico a algo que realmente me apasiona, diferente de lo que he hecho durante muchos años. Trabajo con y (6) _____ las personas, antes lo hice con y para las máquinas. Por supuesto que es más gratificante y estimulante trabajar con personas que con máquinas, hasta el punto de tener la (7) _____, y a veces un cierto sentimiento de culpabilidad, de no estar trabajando, como me decía mi amiga.

Trabajar en algo que te gusta te permite (8) _____ a la vida con una actitud más positiva, usar tu potencial al máximo y llegar tan lejos como (9) _____ permita tu talento. A diario te ves (10) _____ desafíos, pensado en el éxito, con entusiasmo y disfrutando de cada momento.

Realizar un trabajo para el que tienes talento se (11) _____ en ilusión, alegría y creatividad. Te permite encontrar ideas y recursos dentro de ti mismo. Trabajar en lo que te gusta es un placer, no una tortura, y los obstáculos en el camino se vuelven nuevos (12) _____ que hay que superar.
Nunca es tarde para tomar la responsabilidad y decidir dónde quieres estar. Si nuestro último objetivo en la vida es disfrutar (13) _____ ella, tal vez deberíamos preguntarnos si el trabajo al que nos dedicamos contribuye o no a ese objetivo.

(Texto adaptado de Rafael Adame Carballido)

Opciones:

	a	b	c
1	sobre	de	con
2	en que	en las que	que
3	desencanto	encanto	monotonía
4	en que	donde	adonde
5	siempre	ahora	nunca
6	para	por	hacia
7	costumbre	sensación	sentimiento
8	mirar	soñar	tener
9	nos	te	se
10	afrontando	enfrentando	desencadenando
11	hace	produce	convierte
12	metas	objetivos	desafíos
13	con	de	en

El mundo del trabajo

5 Escribe.

Elige uno de los dos puestos de trabajo que se ofrecen. Escribe un correo electrónico con tu *curriculum vítae* y una carta de presentación destacando tus características personales y por qué solicitas el puesto. Puedes ayudarte del siguiente cuestionario. ¡Suerte!

- ¿Qué has estudiado?
- ¿Quién influyó más en ti a la hora de elegir tus estudios?
- ¿Qué sabes acerca de la empresa?
- ¿Qué has aprendido de tus trabajos anteriores?
- ¿Qué funciones desempeñabas?
- ¿Qué te atrae de la empresa?

a)

DEPENDIENTE/A DISEÑO DE COCINAS

MEDIA JORNADA
Para trabajar en León, España
Sector: Atención al cliente

Descripción del trabajo:

Importante empresa del Sector Mobiliario de León necesita incorporar a un/a dependiente/a.

Funciones del puesto:

- Atención al cliente.
- Diseño de cocinas por medio de programa informático.
- Venta de cocinas.
- Seguimiento de clientes con la finalidad de incrementar las ventas.
- Realización de presupuestos.

Se requiere:

- Experiencia en ventas.
- Capacidad de comunicación.
- Experiencia en la utilización de programas de diseño.

Se ofrece:

- Contrato de MEDIA JORNADA con posibilidad de pasar a JORNADA COMPLETA.
- Formación inicial a cargo de la empresa.

Nivel de estudios:

- Título de Educación Secundaria Obligatoria.
- Conocimientos en informática y contabilidad.

Interesados enviar currículum vítae al correo electrónico:
cocinaslavega@com

b)

SE BUSCA ESTUDIANTE DE DERECHO

Despacho de abogados ubicado en Valladolid (México)

NECESITA ESTUDIANTE DE DERECHO

Funciones del puesto:
Desarrollará tareas propias de estudiante en prácticas: redacción de escritos, demandas, denuncias, querellas, escritos de mero trámite; atención al cliente; archivo; traslado a Juzgados, oficinas y registros, todo ello bajo la supervisión directa del tutor.

Se requiere:
- Ser estudiante de Derecho en los dos últimos años de carrera.
- Buena presencia.
- Movilidad geográfica.
- Valoraremos conocimientos de inglés.

Se ofrece:
- Contrato de tres meses.
- Retribución según valía.
- Horario de mañana.

Interesados enviar currículum vítae al correo electrónico:
98asesoriajuridia@net

Nuevo mensaje

Enviar | Chat | Adjuntar | Agenda | Tipo de letra | Colores | Borrador

Para:
Cc:
Asunto:

Examen DELE nivel B1

Recuerda que en el examen real las instrucciones están redactadas en la forma de **usted**.

1. Interpretación de textos escritos

Duración: 45 minutos

Parte número 1.

Lee el texto y contesta a las tres preguntas propuestas.

Celebración de la fiesta de los quince años

La tradición

La fiesta de los quince años es un ritual que celebran las chicas para despedir la niñez y darle la bienvenida a la juventud, es un rito de transición y una tradición muy arraigada en las familias.

El gran día de la quinceañera no solo incluye un vestido bonito y un peinado elegante, es un día de fiesta para compartir con familiares y amigos.

La celebración

Lo más habitual es alquilar el salón de un hotel, pero también se puede hacer en el jardín de la casa, en una finca o en una hacienda. En cualquier caso, el lugar elegido debe estar bien adornado para la fiesta.

La quinceañera, por regla general, llega del brazo de su padre y hace su entrada como una auténtica princesa.

La fiesta suele abrirse con un vals, que la chica baila con su padre. Si ha entrado de la mano de su pareja, lo baila con su pareja y luego baila con su padre. Poco a poco van incorporándose los demás invitados al baile y la fiesta se pone en marcha.

Es costumbre, en algunos lugares, hacer un brindis y, en algunos casos, dar un breve discurso o decir al menos unas palabras de agradecimiento a los invitados.

Otra costumbre que hay en algunos países o regiones es el reparto de las velas de la tarta de la quinceañera, que la joven corta hacia la mitad de la celebración. Después toma las velas y las reparte entre las personas más importantes de su vida, generalmente se las entrega a sus padres, hermanos, abuelos, algunos familiares y los amigos más íntimos.

La fiesta suele prolongarse hasta muy tarde, y los más jóvenes disfrutan del baile, con música muy variada compuesta por una selección de los temas favoritos de la quinceañera.

(Texto adaptado de: *http://www.protocolo.org*)

	V	F
1 La fiesta de los quince años es una moda de los últimos años.		
2 La fiesta de los quince años es un día de fiesta para compartir con familiares y amigos.		
3 La madre de la quinceañera siempre tiene el honor de cortar la tarta.		

Parte número 2.

Ahora vas a leer siete textos y vas a contestar una pregunta correspondiente a cada uno de ellos.

Texto a
Normas generales del hotel.

NORMAS GENERALES

Habitación doble: 60 euros por noche con desayuno incluido.

No se cargará ningún depósito.

Cancelaciones
Si cancelas hasta dos días antes de la fecha de llegada, el hotel no efectuará cargos.
Si cancelas fuera de plazo o si no te presentas, el hotel cargará la primera noche.

Cómo modificar o cancelar la reserva
Puedes consultar, modificar o cancelar tu reserva en *Mi Reserva*.

Condiciones referentes a niños y camas supletorias
Un menor de 3 años gratis si se utilizan las camas existentes.
Un menor de 2 años gratis en cuna.
Un niño mayor de esa edad o un adulto paga 25 euros por persona y noche en cama supletoria.
Número máximo de camas supletorias / cunas en la habitación: 1.

Aparcamiento
Aparcamiento privado disponible en el hotel. Necesario reservar.
Precio: 6 euros por día.

Internet
Internet con wi-fi disponible en las zonas públicas. Gratis.
Internet con conexión de cable disponible en las habitaciones. Gratis.

Animales
No se admiten.

Información sobre tu pago
La reserva quedará confirmada mediante los datos de una tarjeta de crédito.
Los clientes pueden pagar con todas las tarjetas de crédito actuales.

	V	F
4 El hotel dispone de aparcamiento gratuito.		

Texto b
Buscamos compañera de piso.

Somos dos estudiantes de Veterinaria de 20 y 21 años. Estamos buscando un/a compañero/a de piso, más o menos de nuestra edad. El piso es completamente nuevo (solo 2 años). Está detrás del Hotel Córdoba Center, a diez minutos del centro y muy cerca de la estación de RENFE. Tiene aire acondicionado y calefacción central, muebles nuevos, cocina totalmente equipada, con vitrocerámica, microondas, lavavajillas... También tenemos patio y trastero. Preferimos estudiantes de último curso que sean responsables y que busquen tranquilidad.

Habitaciones: 3
Baños: 1
Precio: 200 euros.

Números de contacto:
607 84 90 98 / 600 26 40 32

	V	F
5 El piso está lejos del centro, pero es completamente nuevo.		

Texto c
Ópticas "Vistalab": Gafas nuevas ¡Gratis!

Gafas nuevas ¡Gratis!

En **VISTALAB** llevamos más de 25 años dedicándonos a la **salud de tus ojos**. Somos una empresa moderna e innovadora en el sector, siempre en constante evolución para dar el mejor servicio a nuestros clientes. También contamos con los mejores profesionales.
Ven a cualquier centro **VISTALAB** con tus gafas graduadas y si, al hacerte una revisión gratuita de la vista, la graduación ha cambiado, te llevas totalmente gratis unas gafas graduadas. Si tu graduación no ha cambiado, te regalamos unas gafas de sol.
Además, podrás elegir la montura que más te guste entre cinco modelos diferentes. Si eliges un modelo de precio superior, te descontamos el importe de las gafas gratis.

¡No te lo pienses y aprovecha esta increíble oportunidad!

Del 7 al 11 de mayo.

	V	F
6 En Ópticas Vistalab te gradúan la vista gratis y te regalan unas gafas.		

Examen DELE

Texto d
Blog de vacaciones.

| INICIO | BLOG DE VACACIONES | SUSCRIBE: POST | COMENTARIOS |

La experiencia de viajar como mochilero es inolvidable, pero requiere de mucha planificación, para que el resultado sea bueno. Hay muchas cosas que es mejor tener previstas para evitar sorpresas desagradables. Es un estilo de viaje muy recomendable para personas jóvenes.

Hay que averiguar con tiempo los temas sanitarios. Si pensamos ir a un destino que requiere vacunas, estas llevan tiempo si son en más de una dosis. Tal vez no estamos seguros de si llegaremos o no a tal país. Ante la posibilidad, más vale una vacuna de más, que no poder entrar por no tenerla.

El alojamiento hay que intentar reservarlo si se puede y, si no es posible, tener muy claras las direcciones para saber cómo llegar. Conviene averiguar también lugares baratos para comer.

Hay muchos países que requieren visados cuyo trámite lleva varias semanas. No olvides tramitarlos con tiempo.

(Adaptado de: *http://blogvacaciones.com*)

	V	F
7 Los mochileros viajan sin ninguna previsión.		

Texto e
Invitación a mi fiesta.

¡Hola, Paco!
¿Cómo estás? ¡Por fin he aprobado las oposiciones! ¡Ya soy funcionario! Estas cosas solo pasan una vez en la vida y quiero hacer una gran celebración.
Os invito a mi casa en Zarautz (Guipúzcoa) el primer fin de semana de agosto. Zarautz es un pueblo pequeño con una playa maravillosa.
Os he preparado un programa estupendo:
El sábado vamos a comer a Guetaria, que es un pueblo que está al lado de Zarautz, con un monte en forma de ratón donde se come muy bien. Después de comer nos tomamos tranquilamente un café y jugaremos unas partidas de mus. Más tarde nos iremos a San Sebastián y allí disfrutaremos del ambiente nocturno de la parte vieja de la ciudad y comeremos unos pinchos excelentes. Para terminar, iremos a alguna discoteca del Paseo de la Concha.
Al día siguiente, descansaremos en la playa de mi pueblo.
Espero que te animes. Vamos a pasarlo muy bien todos juntos. Confírmame, cuanto antes, tu llegada.
Hasta pronto.
Miguel

	V	F
8 Nos vamos por la noche a una discoteca de Guetaria.		

Texto f

Potomanía: la obsesión por beber agua.

La palabra 'potomanía' proviene del griego 'poto' (bebida, agua potable) y 'manía' (manía). Podríamos decir que es 'la manía por beber agua'. Esto se hace compulsivamente, sin tener sed y la persona experimenta una sensación de placer al consumirla. Se pueden llegar a beber siete o más litros de agua diarios, dependiendo de la gravedad del caso.

Quienes beben agua en exceso pueden presentar trastornos hormonales y alteraciones en el funcionamiento de los riñones. Lo recomendable es tomar de dos a tres litros diarios por persona. Y tú, ¿cuántos litros de agua bebes al día?

(Fuente: *http://www.feminis.com*)

	V	F
9 Beber mucha agua puede afectar a nuestro organismo.		

Texto g

Condiciones generales para participar en nuestros cursos de español.

La edad mínima para participar en nuestros cursos de español es de 16 años, y siempre con la autorización paterna si son menores de 18 años.

Aconsejamos a los estudiantes que se hagan un seguro médico, que no está incluido en el precio del curso. Recomendamos a los ciudadanos de la Unión Europea que obtengan en la sanidad pública de sus países de origen la Tarjeta Sanitaria Europea, mediante la cual obtendrán asistencia sanitaria pública gratuita.

Las cancelaciones deberán ser siempre por escrito. Si se cancela hasta tres semanas antes del inicio del curso, se devolverá el 50% del pago anticipado. Si la cancelación se realiza con posterioridad, el anticipo no será reembolsado. Una vez iniciado el curso, no se podrán realizar cancelaciones.

Tus datos serán utilizados solo para enviarte información sobre nuestros cursos.

Contacta con nosotros en: info@cursosdeepañol.com

	V	F
10 El curso incluye seguro médico.		

Parte número 3.

Visita a Buenos Aires.
Lee y responde a las diez preguntas sobre estos textos.

Buenos Aires

Buenos Aires es una de las ciudades más grandes del mundo, con más de once millones de habitantes. Es una ciudad moderna y elegante, pero al mismo tiempo conserva viejas tradiciones y rincones entrañables.

El Obelisco: es el símbolo de la ciudad. Tiene 67 metros de alto. Se encuentra en el cruce de las avenidas 9 de Julio y Corrientes. Se construyó para conmemorar los 400 años de la primera fundación de la ciudad (1536). Es la avenida más ancha del mundo.

Plaza de Mayo
La Plaza de Mayo está rodeada de edificios simbólicos como el Cabildo, la Catedral y la Casa Rosada, sede de la Presidencia de la Nación. La Casa Rosada es considerada uno de los edificios más emblemáticos de Buenos Aires. Alberga, además, el Museo de la Casa de Gobierno, con objetos relacionados con los presidentes del país. Ha sido declarada Monumento Histórico Nacional.

En el centro de la plaza está la Pirámide de Mayo, que fue el primer monumento de la ciudad. Es también el centro de las mayores concentraciones populares del país. En ella se manifiesta la adhesión a los gobiernos, los festejos nacionales, las jornadas de protesta…

Puerto Madero
Entre la ciudad y el río se sitúa Puerto Madero. Es el barrio más nuevo de la ciudad con lujosos edificios, hoteles, restaurantes y universidades. Está construido en la vieja zona portuaria de Buenos Aires. Destaca el Puente de la Mujer, diseñado por el arquitecto español Santiago Calatrava.

El barrio de San Telmo fue a mediados del siglo XIX lugar de residencia de la clase más acomodada de Buenos Aires. Hacia finales del mismo siglo a raíz de una epidemia de fiebre amarilla sus habitantes emigraron hacia la región norte de la ciudad, hoy Barrio Norte y Recoleta. En los años setenta se inicia la restauración de parte del barrio. Hoy es el más importante referente del mercado de antigüedades en Sudamérica. En San Telmo podrá encontrar numerosos restaurantes, pubs y locales de espectáculos de tango. Caminar por San Telmo es entrar en otro tiempo por su típica arquitectura colonial, sus aceras estrechas, sus comercios, sus calles de piedra y las antigüedades.

La Recoleta es un barrio en la zona centro-norte de Buenos Aires, conocido como un barrio elegante, por sus bonitos edificios, su cementerio aristocrático y sus museos y exposiciones de arte.
Ofrece una variedad de restaurantes, cafés y discotecas para cenar y disfrutar de la noche porteña.
Entre los atractivos de la zona, sin duda destaca el Cementerio de la Recoleta. Aquí descansan aristócratas argentinos, políticos y famosos. La tumba más visitada es la de Eva Duarte de Perón.

El tradicional barrio de La Boca
Aquí comienza el puerto de Buenos Aires. Su aspecto actual se lo han dado los cientos de inmigrantes, principalmente italianos y españoles, que llegaron a finales del siglo XIX y que se establecieron allí atraídos por la actividad del puerto.
Al no tener un lugar donde vivir, tuvieron que construir lo que se denominó "conventillos", casas humildes que compartían varias familias. Tanto el exterior de esas casas como sus puertas y ventanas son de colores. Es uno de los lugares más típicos de Buenos Aires.

Palermo

Es un barrio tradicional de Buenos Aires, también el de mayor tamaño. La historia de Palermo comenzó pocos años después de la llegada de los españoles. En 1590 estas tierras fueron compradas por un italiano de nombre Juan Domingo Palermo, quien instaló una hacienda, donde se dedicó a la agricultura. Palermo es un barrio perfecto para pasear; hay muchos restaurantes, cafeterías y bares. *La Boutique del Libro* no solo es una librería excelente, sino también una galería de arte y un delicioso café.

Calle Corrientes

Se le llama "la calle que nunca duerme", porque la actividad es incesante durante todo el día y hasta altas horas de la noche. En ella se encuentran gran cantidad de salas de cine y teatros. Entre ellos podemos destacar al Teatro General San Martín, el teatro público más grande del país, el Gran Rex, el Teatro Ópera, el Metropolitan, el Nacional.

Otra característica de la calle Corrientes son sus numerosas librerías. En cualquiera de ellas se pueden encontrar libros y revistas de todo tipo, nuevos, usados, la mayor parte a buen precio e, incluso, se puede leer un libro completo sin que el vendedor se preocupe de ello. En los innumerables bares y cafés que hay en la avenida, se reunían importantes políticos, escritores, periodistas, músicos y actores. Fue precisamente en estos cafés donde el tango vivió sus mejores momentos.

11 ¿Cuál es el símbolo de la ciudad de Buenos Aires?
  a El Obelisco.
  b La Pirámide de Mayo.
  c El Tango.

12 ¿Cuál es el primer monumento que tuvo la ciudad de Buenos Aires?
  a La Casa Rosada.
  b El Obelisco.
  c La Pirámide de Mayo.

13 ¿Qué edificio es Monumento Histórico Nacional?
  a La Catedral.
  b El Cabildo.
  c La Casa Rosada.

14 Cuando los argentinos se manifiestan lo hacen en:
  a La Recoleta.
  b La Plaza de Mayo.
  c El Obelisco.

15 El barrio más nuevo de la ciudad de Buenos Aires es:
  a Puerto Madero.
  b San Telmo.
  c Corrientes.

16 El barrio de Palermo es un lugar estupendo para…
  a Bailar.
  b Pasear.
  c Tomar el sol.

17 Si quieres disfrutar de una noche de teatro, debes ir a…
  a La avenida Corrientes.
  b Palermo.
  c La Boca.

18 'Los Conventillos' son:
  a Catedrales.
  b Iglesias.
  c Casas humildes que compartían varias familias.

19 Si buscas librerías, debes ir a…
  a Los centros comerciales.
  b La calle Corrientes.
  c Los barrios aristocráticos.

20 El barrio de San Telmo es famoso por:
  a El mercado de antigüedades.
  b Las grandes avenidas.
  c Los edificios modernos.

2. Prueba de producción de textos escritos

Duración: 20 minutos

Parte número 1.

Completa el siguiente cuestionario.

CUESTIONARIO SOBRE CURSOS DE ESPAÑOL ONLINE

En la Academia Educar.com estamos pensando ampliar nuestra oferta de cursos para poder mejorar la calidad de nuestra enseñanza y de nuestros servicios. **Ya que has elegido nuestra Academia para aprender español en uno de nuestros cursos presenciales**, nos gustaría conocer tu opinión sobre los Cursos de español *online*.

CURSO:

SEXO:

EDAD:

NACIONALIDAD:

1. ¿Alguna vez has cursado estudios a través de internet? ¿Cuánto tiempo duraron?
   Si tu respuesta es NO: ¿por qué no lo has hecho? ¿Nunca te ha interesado la formación a distancia?
   _____
   _____
   _____

2. ¿Qué encuentras de positivo o de negativo en hacer cursos de formación a través de internet?
   _____
   _____

3. ¿Cómo es tu relación con los compañeros/as de tu clase?
   ¿Cómo crees que sería la relación con tus compañeros/as en un aula virtual?
   _____
   _____

4. ¿Cómo es la comunicación con tus profesores/as?
   ¿Cómo crees que sería la relación con un/a tutor/a *online*?
   _____
   _____

5. ¿Consideras que se han cumplido los objetivos del curso presencial que estás haciendo?
   _____
   _____

MUCHAS GRACIAS POR TU COLABORACIÓN

Parte número 2.

Solo debes hacer uno de los dos ejercicios que aparecen a continuación. Elige el que quieras. Tienes que escribir entre 80-100 palabras (unas 8 o 10 líneas).

Opción 1.
Amparo recibe el siguiente correo electrónico de su amiga sueca Gunilla, que ha ido a Suecia para visitar a su familia.

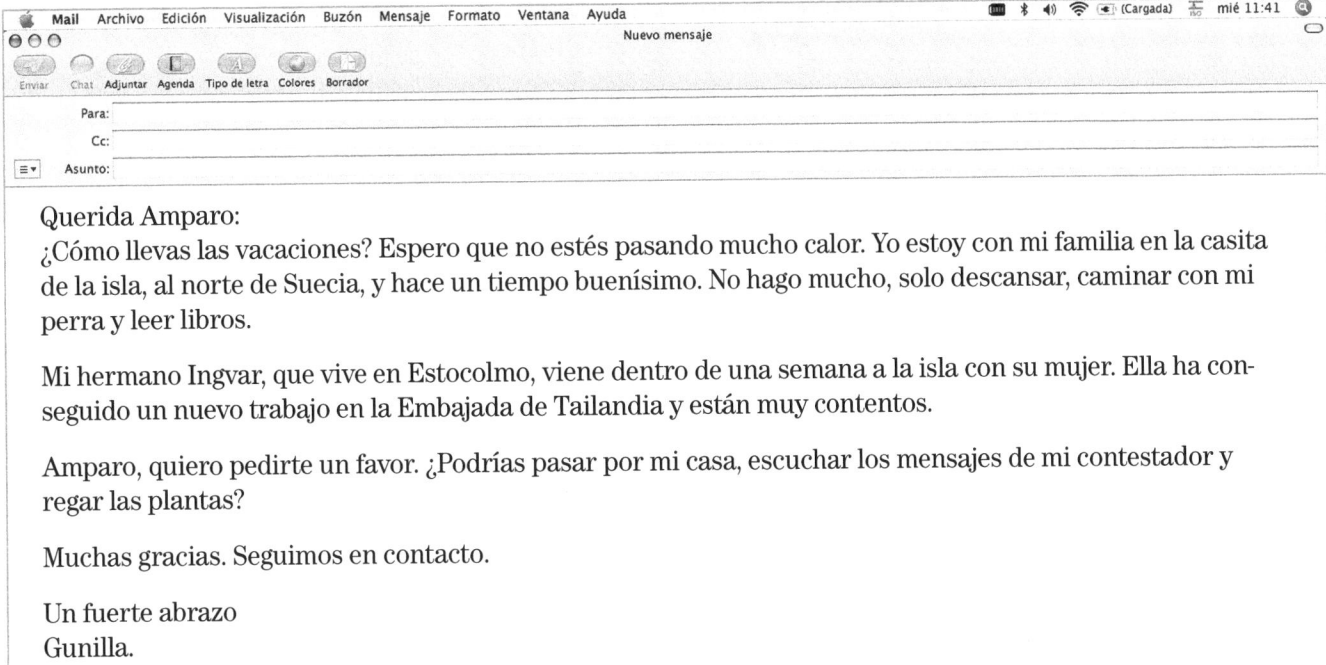

Querida Amparo:

¿Cómo llevas las vacaciones? Espero que no estés pasando mucho calor. Yo estoy con mi familia en la casita de la isla, al norte de Suecia, y hace un tiempo buenísimo. No hago mucho, solo descansar, caminar con mi perra y leer libros.

Mi hermano Ingvar, que vive en Estocolmo, viene dentro de una semana a la isla con su mujer. Ella ha conseguido un nuevo trabajo en la Embajada de Tailandia y están muy contentos.

Amparo, quiero pedirte un favor. ¿Podrías pasar por mi casa, escuchar los mensajes de mi contestador y regar las plantas?

Muchas gracias. Seguimos en contacto.

Un fuerte abrazo
Gunilla.

Ahora tú eres Amparo y escribes un correo electrónico a Gunilla para darle información de tu vida, de los mensajes que han dejado en su contestador y de las plantas.

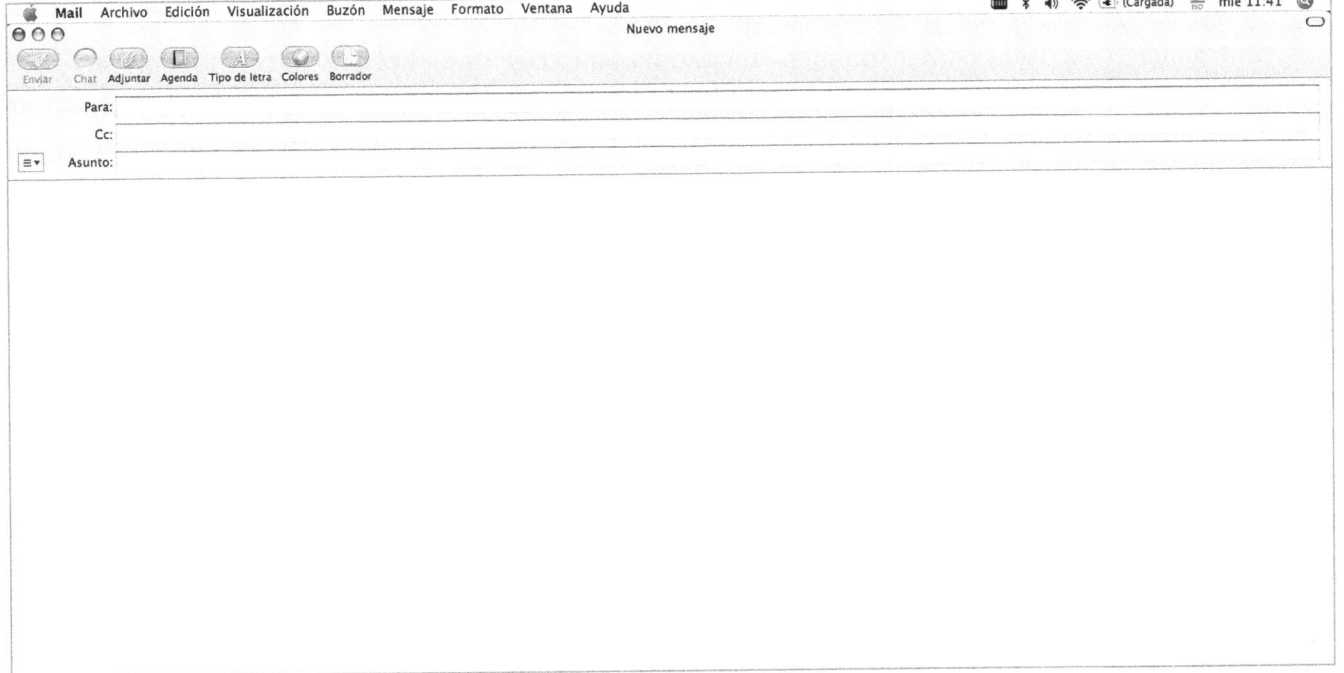

Examen DELE

Opción 2.
Tus amigos y tú estáis organizando un viaje a La Rioja. Un amigo ha enviado a tu correo la confirmación de la reserva, pero ahora te has dado cuenta de que estás ocupado ese fin de semana.

Escribe un correo electrónico a tus amigos explicándoles por qué no puedes viajar con ellos y diles que, por favor, cancelen tu reserva.

Información de la reserva.

Hotel Gran Reserva
Número de reserva: 347 021 343
Código PIN: 7856
Email: francecauno@hotmail.com

Información de la reserva
Datos de la reserva: 2 noches, 3 habitaciones, 6 personas
Entrada: domingo 17 de julio de 2011 después de las 12:00
Salida: jueves 21 de julio de 2011 antes de las 12:00

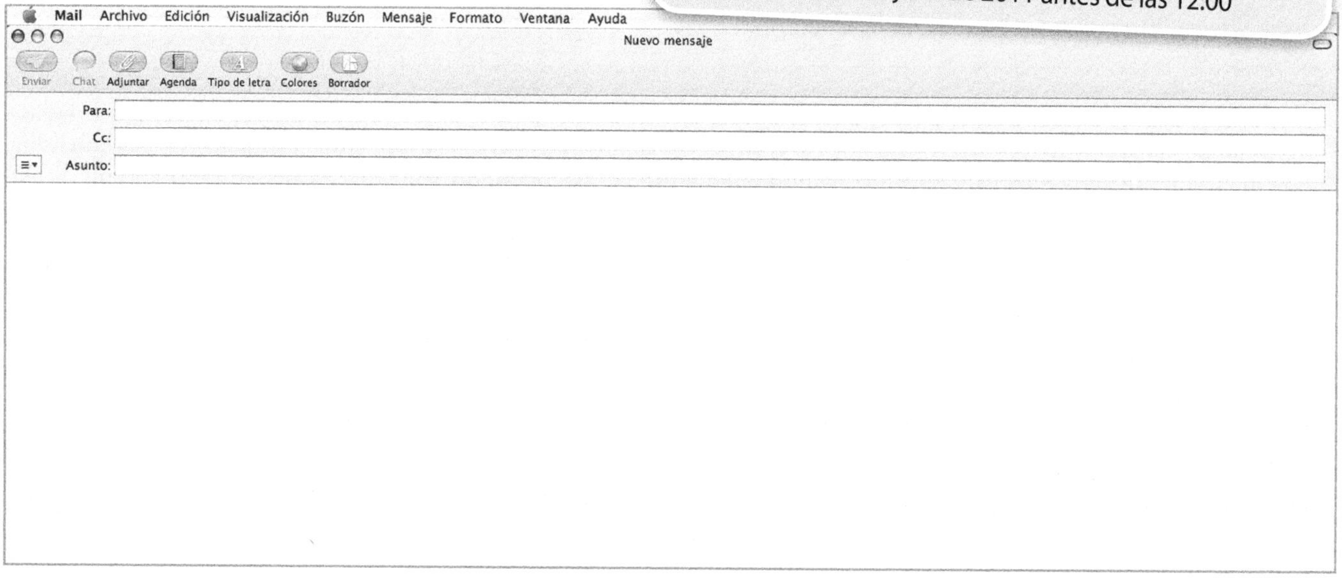

3. Interpretación de los textos orales

Duración: 25 minutos

Parte número 1.

A continuación escucharás diez diálogos. La persona que responde lo hace de tres formas distintas, pero solamente una es adecuada. Oirás cada diálogo dos veces. Después de la segunda audición, marca la opción correcta.

Diálogo número 1.
HOMBRE: _____
MUJER:
a Había pensado ir a la playa con los niños.
b Muy bien, acepto.
c A mí, el calor no me afecta demasiado.

Diálogo número 2.
HOMBRE: _____
MUJER:
a No sé, hace un tiempo horrible.
b Necesito un cambio.
c Vale, pero invito yo.

Diálogo número 3.
HOMBRE: _____
MUJER:
a No mucho.
b Muy bien. ¿Cuánto le gustaría cortarse?
c ¿Te gusta?

Diálogo número 4.
HOMBRE: _____
MUJER:
a Pues eso es un problema.
b ¡Qué aburrido!
c Estoy preparada para salir.

Diálogo número 5.
HOMBRE: _____
MUJER:
a ¡Qué mal!
b Tienes mucho que hacer, ¿no?
c Me encanta la primavera.

Diálogo número 6.
HOMBRE: _____
MUJER:
a Pues, a mí no.
b No, no sé.
c Que tengas un buen fin de semana.

Diálogo número 7.
HOMBRE: _____
MUJER:
a Lo mejor es que te tomes unas vacaciones.
b Vale. Lo intentaré.
c No sé si tendré tiempo.

Diálogo número 8.
HOMBRE: _____
MUJER:
a Pues que me he dado un golpe con la puerta.
b Se me olvidó la cartera.
c ¿Y eso?

Diálogo número 9.
HOMBRE: _____
MUJER:
a ¡Qué bien!
b No tengo dinero.
c Mañana me compro un coche.

Diálogo número 10.
HOMBRE: _____
MUJER:
a Que tengas mucho cuidado.
b Encantada.
c Gracias, es usted muy amable.

Parte número 2.

Escucharás dos veces siete diálogos, marca la respuesta correcta.

11 ¿Cómo le gusta viajar a la mujer?
   a Le encanta viajar sola.
   b Le encanta viajar con mucha gente.
   c No le gusta viajar.

12 ¿Qué quiere comprar el hombre?
   a Un billete de tren.
   b Un billete de autobús.
   c Una botella de agua.

13 ¿Qué necesita la mujer?
   a Una persona que viaje mucho.
   b Alguien que tenga coche.
   c Alguien que hable idiomas.

14 ¿Qué le pasa?
   a Que no ve muy bien de lejos.
   b Que no ve porque se le han perdido las gafas.
   c Que no ve muy bien de cerca.

15 ¿Por quién pregunta?
   a Por el economista.
   b Por el hijo de la vecina.
   c Por el electricista.

16 ¿Qué es lo más importante para el hombre?
   a Tener tiempo para descansar.
   b Tener tiempo para su familia.
   c Que su familia tenga tiempo para él.

17 ¿Qué quiere hacer?
   a Cerrar la puerta de la habitación para que no entre aire.
   b Abrir la ventana para que entre aire fresco.
   c Cerrar la ventana.

Parte número 3.

Vas a oír esta noticia radiofónica dos veces, después contesta a estas tres preguntas.

18 El Zumba es un programa internacional de baile y ejercicio con ritmos latinos que ayuda a adelgazar.
   a Verdadero
   b Falso

19 Alberto, 'Beto', Pérez creó el Zumba a mediados de los años noventa por casualidad.
   a Verdadero
   b Falso

20 El Zumba solo es conocido en Colombia.
   a Verdadero
   b Falso

Examen DELE

Parte número 4. 🎧26

Oirás dos veces este diálogo y después contesta a estas dos preguntas. Pepa y Octavio se encuentran en la calle.

21 ¿Por qué Octavio no puede tomar un café con Pepa?
   a Porque no le gusta el café.
   b Porque va a una entrevista de trabajo.
   c Porque tiene que comprarse un traje para una boda.

22 Octavio estará fuera solo una semana porque...
   a su hijo ha encontrado trabajo.
   b no quiere gastar mucho dinero.
   c no tiene muchas ganas de conducir.

4. Conciencia comunicativa

Duración: 25 minutos

Parte número 1.

¿En qué situaciones dirías lo siguiente?

1 ¿Qué te parece si vamos un fin de semana a La Rioja?
   Cuando estás...
   a dando un consejo.
   b proponiendo planes.
   c expresando una opinión.

2 Para el lunes a las 11:45 en la consulta número 12.
   Cuando estás...
   a dando una cita.
   b rechazando una cita.
   c solicitando una cita.

3 A lo largo de mi carrera nunca he hecho una chuleta.
   Cuando estás hablando de...
   a comida.
   b restaurantes.
   c estudios.

4 Aterrizamos dentro de media hora. La temperatura exterior es de 20°C. No olviden que tienen que retrasar cinco horas sus relojes.
   Cuando estás...
   a en una cafetería.
   b en un avión.
   c en la comisaría de policía.

5 No soporto que la gente del asiento de al lado ocupe todo el reposabrazos que compartimos.
   Cuando estás en...
   a el supermercado.
   b la peluquería.
   c el cine.

Parte número 2.

En las siguientes oraciones aparece una palabra en negrita que no es correcta. Cámbiala por una de las palabras que aparecen en el recuadro.

> llevo • cualquier • les • de • es • ningún • alguien • por • lo • está

6 Últimamente Marta **come** muy feliz, ilusionada y sorprendida por el éxito de su última novela.

7 A ustedes **os** atenderé cuando acabe con este señor.

8 Los verbos españoles son difíciles **para** aprender.

9 **Está** evidente que el papel del tutor virtual es el mismo que el del profesor presencial: ayudar a que los alumnos aprendan.

10 Nadie se ha comido **algún** trozo de tarta.

11 ¿Ha llamado **alguno** preguntando por mí?

12 Necesito tomar un café **con** las mañanas.

13 ¿Te has comprado el vestido para la boda? Sí, ya **le** he comprado.

14 **Toda** persona puede aprender otro idioma.

15 Siempre que viajo fuera de mi país me **tengo** la tarjeta sanitaria.

Parte número 3.

Completa los huecos con la opción correcta.

Aprender español para hablar español

Hay quien dice que el español es una lengua relativamente fácil de aprender y de hablar. El secreto (16) _____ aprenderlo es hablarlo lo antes posible. Así que, conforme lo aprenda, practique y practique oralmente. Si tiene oportunidad, comuníquese con hablantes nativos, verá cómo mejora su fluidez.

El español se considera una lengua romántica, apasionada, una lengua en la que (17) _____ puede expresar todas sus emociones al estilo latino. Los países de habla hispana son destinos turísticos muy solicitados y la mejor manera de disfrutar (18) _____ la experiencia y (19) _____ las diferentes culturas es hablando español. Si usted disfruta viajando al extranjero y habla esta lengua, podrá viajar a los veintiún países (20) _____ se habla. Estos países son: Argentina, Costa Rica, Bolivia, Venezuela, Cuba, Chile, El Salvador, Colombia, Honduras, Uruguay, República Dominicana, Puerto Rico, Perú, Paraguay, Panamá, Nicaragua, México, Guatemala, Ecuador, Guinea Ecuatorial y España.

Hay ocho pasos fáciles para aprender, hablar, leer y escribir español.

Paso 1: Aprenda la gramática española, pero no empiece a hacerlo pensando que es difícil. Los cursos de español en universidades y escuelas de idiomas le resultarán beneficiosos en todas las (21) _____ de su aprendizaje, pero no se apunte a cursos en los que aprender gramática y teoría sea lo más importante. Durante el curso, si tiene dudas, pregunte en español a su profesor/a de forma breve y directa.

Paso 2: Aprenda el vocabulario habitual. Para hacer frases necesita conocer los nombres de las cosas normales. Es más, solo sabiendo un poco de vocabulario ya podrá empezar a comunicarse. Recuerde que cada nombre (22) _____ ser masculino o femenino (o ambos). Para aprender el género le aconsejamos que memorice cada palabra (23) _____ su artículo, por ejemplo: 'el perro' en lugar de 'perro' o 'la casa' en lugar de 'casa'.

Paso 3: Para aprender español es fundamental leer. De esa manera podrá adquirir más vocabulario, interiorizar las conjugaciones y las estructuras de las frases. Si su nivel de español (24) _____ bajo, puede utilizar lecturas graduadas, especialmente escritas para el nivel inicial. Y si ya tiene un nivel alto, podrá elegir los libros que más le gusten.

Paso 4: Si quiere aprender español, tiene que hablarlo. Trate de hacer amigos españoles y latinoamericanos. Con ellos podrá practicar, le corregirán si se lo pide y conocerá mejor la cultura. (25) _____, le darán nuevas razones para continuar aprendiendo. Recuerde, uno de sus objetivos (26) _____ ser introducir la cultura española en su vida.

Paso 5: Visite algún país donde se habla la lengua. Es importante que (27) _____ solo/a (28) _____ esforzarse más en practicar su español. También es aconsejable pasar la mayor parte del tiempo en ciudades pequeñas donde es más fácil entrar en contacto con la gente.

Paso 6: Escuche música de artistas españoles o latinoamericanos, es una (29) _____ forma de aprender o mejorar la pronunciación de las palabras. Intente también oír la radio o ver la televisión.

Paso 7: ¡Esfuércese y tenga paciencia y verá que en poco tiempo hace progresos importantes! El aprendizaje de (30) _____ lengua requiere un gran esfuerzo. Es verdad que determinados métodos y profesores pueden ayudarle mucho.

Paso 8: Sonría y piense (31) _____ positivo. Acaba de leer un texto en español. ¡Enhorabuena!

16 a por	**b** para	**c** de		**22 a** puede	**b** pueda	**c** debe		**28 a** para	**b** para que	**c** porque
17 a tú	**b** usted	**c** él		**23 a** junto con	**b** al lado de	**c** detrás de		**29 a** buen	**b** gran	**c** buena
18 a con	**b** de	**c** a		**24 a** es	**b** esté	**c** está		**30 a** cualquier	**b** cualesquiera	**c** cualquiera
19 a con	**b** de	**c** a		**25 a** además	**b** por eso	**c** también		**31 a** de	**b** a	**c** en
20 a que	**b** donde	**c** en		**26 a** tiene	**b** debe	**c** va				
21 a cursos	**b** fases	**c** niveles		**27 a** vas	**b** vengas	**c** vaya				

5. Expresión oral

Duración: 10 minutos

Parte número 1.

Contesta a estas preguntas, recuerda que no debes responder de una forma excesivamente breve ni excesivamente larga.

1 ¿Qué preferirías, ser rico o tener un gran atractivo físico?
2 ¿Hay algún trabajo que nunca harías? ¿Por qué?
3 ¿Adónde te gustaría viajar? ¿Por qué? ¿Con quién?
4 ¿Te gusta más bañarte en el mar o en una piscina? ¿Por qué?
5 ¿Tienes tarjetas de crédito? ¿Cuáles? ¿Para qué las usas?
6 ¿Cómo es el clima en la ciudad donde vives? ¿Influye el tiempo en tu estado de ánimo?

Parte número 2.

Situación simulada.

Mario lleva dos días con dolor de muelas y por fin decide llamar a la consulta del dentista para pedir una cita.

> **Recepcionista:** Buenos días. Consulta de la doctora Quero.
> ¿En qué puedo atenderle?
> **Tú:** *(Saludas al recepcionista, explicas tu problema y pides una cita.)*
> **Recepcionista:** Lo siento, pero esta semana está totalmente ocupada.
> **Tú:** *(Insistes y pides que por favor te atienda lo antes posible.)*
> **Recepcionista:** Un momento, por favor, voy a ver si hay un hueco.
> Esta semana es imposible, de verdad.
> ¿Podría pasar el próximo lunes por la mañana?
> **Tú:** *(Trabajas por la mañana y prefieres por la tarde.)*
> **Recepcionista:** Puedo darle a primera hora, a las cinco y media de la tarde.
> ¿Le viene bien?
> **Tú:** *(Prefieres un poco más tarde.)*
> **Recepcionista:** A las ocho es la única hora que tiene libre la doctora.
> **Tú:** *(Aceptas y repites el día y la hora.)*
> **Recepcionista:** De acuerdo. ¿Cuál es su nombre y número de contacto?
> **Tú:** *(Dices tu nombre y número de teléfono.)*
> **Recepcionista:** Muy bien. Pues, hasta el lunes a las ocho de la tarde.
> **Tú:** *(Das las gracias y te despides.)*

Parte número 3.

Describe y narra lo que ves en la historieta.

Y ahora contesta a estas preguntas.

a ¿Es muy importante tener un amigo?
b ¿Qué es para ti la amistad?
c ¿Qué es lo más importante: familia, pareja o amigos?

Despedida: Tu profesor/a y tú os despedís.

Soluciones

Unidad 1: *La ciudad es mi planeta*

1 CONTENIDOS GRAMATICALES
1 A 1 Será 2 Habrá 3 avanzará 4 Estará 5 Seguirá 6 sacarán 7 Podrán

1 B Realización libre.

1 C Realización libre.

2 1 Lloraría 2 costará 3 estarán 4 Terminaría 5 Vivirán

3 1 ¿Tendrías un bolígrafo rojo?, Condicional; ¿No tendrás también un cigarrillo?, Futuro 2 Empezaría a las ocho, Condicional 3 Estaríamos unas cincuenta personas, Condicional 4 Serán las doce, Futuro 5 ¿Podrás venir a mi boda?, Futuro; Iré si mi jefe..., Futuro 6 He oído que lloverá en el norte y hará calor en el sur, Futuro

4 A 1 gustaría 2 convertiría 3 sería 4 buscarían 5 Sería 6 querría 7 llevaría 8 pondría 9 dirían 10 jugaría

4 B Realización libre.

5 A 1 b 2 a 3 d 4 c 5 f 6 e

5 B Realización libre.

6 A 1 amablemente 2 casualmente 3 alegremente 4 durante 5 Seguramente

6 B Realización libre.

2 CONTENIDOS LÉXICOS
1 A

1 B Realización libre.

2 A 1 caja de cerillas, de leche 2 botella de agua, de vino 3 lata de sardinas, de cerveza, de atún 4 bolsa de patatas 5 rollo de papel higiénico 6 paquete de azúcar, de arroz, de fideos, de pañuelos 7 cartón de leche 8 tarro de mermelada 9 bote de perfume, de mermelada, de cerveza 10 tarrina de mantequilla, de helado.

2 B Realización libre.

3 DE TODO UN POCO
1 Interactúa.
Realización libre.

2 Habla.
Realización libre.

3 Escucha.
A 1 Realización libre 2 a Pedro y Carmen b Pedro vive solo y Carmen vive con su madre c Pedro tiene 25 años y Carmen tiene 23 años d Pedro trabaja y Carmen estudia Medicina e Pedro al coche y Carmen a la comida basura f Pedro es feliz y Carmen se siente bien física y emocionalmente 3 Realización libre.

Soluciones

B 1 Realización libre 2 1 galardón 2 renovables 3 duplicado
4 bombillas 5 calderas 6 verdes 7 desperdicios 8 residuales
9 biogás 10 combustible 3 b 1 verdadero 2 verdadero
3 verdadero 4 verdadero 5 falso

4 **Escribe.**
Realización libre.

Unidad 2: ¡Cuánto hemos cambiado!

1 CONTENIDOS GRAMATICALES

1 1 pedí, dijo 2 hiciste 3 estuvo
4 pusieron 5 conocisteis

2 1 fuiste, enamoré 2 Has viajado
3 empezaste, dejé, he vuelto 4 leíste, he podido 5 ha sido, ha gustado, encantó

3 1 enamoré 2 subió 3 vi 4 miró
5 Pensé 6 quedamos 7 sonó 8 preguntó 9 llegó 10 Pasamos 11 preguntó
12 contesté 13 invitó 14 acompañó
15 acercó 16 pidió 17 dije 18 hemos separado 19 he contado 20 cambió

4 A 1 este 2 estas 3 este 4 ese 5 aquella
6 ese 7 esa 8 Aquella

4 B 1 b 2 Respuesta libre 3 a
4 *El camión.* 5 Realización libre.

2 CONTENIDOS LÉXICOS

1

		6						
1	O	R	D	E	N	A	D	O	R
	2	A	R	R	O	B	A	
3	I	N	T	E	R	N	E	T
	4	C	Ó	R	R	E	O	
5	C	O	N	T	R	A	S	E	Ñ	A

2 1 internet 2 ratón 3 ordenador 4 correo, contraseña
5 arroba

3 A Realización libre.

3 B 1 Las relaciones interpersonales 2 La forma de comunicarnos 3 El acceso a la información 4 El ocio y el entretenimiento 5 La manera de comprar 6 La manera de trabajar 7 La formación

3 C Realización libre.

3 DE TODO UN POCO

1 Interactúa.
Realización libre.

2 Habla.
Realización libre.

3 Escucha.
A 1 a 1 Limpiaparabrisas 2 Corrector blanco 3 Biberón desechable 4 Lavavajillas 5 Tabla de planchar b Todos son inventos de mujeres 2 Realización libre.

3

NOMBRE DE LAS INVENTORAS	NACIONALIDAD	INVENTO
Yolanda Chia	Española	Bibebrik
Ana Tabuenca	Española	Un sistema de embalaje
Sara Alarcón	Mexicana	Diseña historietas en el papel higiénico

Nuevo Avance Intermedio 119

Soluciones

B 1 a Graciela y Octavio b En Valladolid c ¿Quieres ver el Museo Nacional de Escultura? ¿Por qué no la visitamos por dentro? ¿Qué te parece si vamos a comer un buen lechazo...? ¿Por qué no vamos al bar de ayer? d **Para aceptar los planes:** 1 Graciela acepta visitar el Museo Nacional de Escultura: *Sí, me apetece mucho. Bueno, como digás.* 2 Graciela acepta la invitación de Octavio: *Sos un amor. Te debo una.*

e **Para rechazar los planes:** 1 Octavio rechaza visitar la iglesia de San Pablo: *Imposible...* 2 Graciela rechaza comer un buen lechazo porque no tiene plata: *Lo siento.* 3 Octavio rechaza comer en un bar: *No, no vamos a ir a ese bar otra vez.* 2 Realización libre.

4 Lee.
A Realización libre.

B 1 a The Natural b Lionel Burt c Dos tenistas. Los hermanos Battistone. d Todavía no. e Realización libre. 2 Realización libre.

5 Escribe.
Realización libre.

Unidad 3: *La medida del tiempo*

1 CONTENIDOS GRAMATICALES
1 1 te lo 2 Me lo 3 Me lo 4 me las 5 Te lo 6 Míramelos

2 1 pruébeselos 2 Déjala 3 Míralas 4 Dejarte 5 Me los 6 Probártelos 7 Vámonos

3 A 1 volvió 2 estuvo 3 Has hablado 4 hemos comido 5 tomó 6 fueron 7 era 8 llegaba 9 tenían 10 volvíamos 11 dejaban 12 íbamos

3 B **Pretérito indefinido:** volvió, estuvo, tomó, fueron. **Pretérito perfecto:** has hablado, hemos comido. **Pretérito imperfecto:** era, llegaba, tenían, volvíamos, dejaban, íbamos

4 Realización libre.

2 CONTENIDOS LÉXICOS
1 1 guante 2 pañuelo 3 pantalones 4 chaqueta

2 A 1 c 2 a 3 b 4 d

2 B Realización libre.

2 C Realización libre.

3 A

En España	En Argentina
Falda	Pollera
Tacones	Zapatos de tacos
Gafas de sol	Anteojos de sol
Bañador	Malla
Camiseta	Remera
Chanclas	Ojotas
Jersey	Pullover
Plumas	Campera
Chubasquero	Rompeviento

3 B Realización libre.

3 C Realización libre.

3 DE TODO UN POCO
1 Interactúa.
Realización libre.

2 Habla.
Realización libre.

3 Escucha.
A 1 a La falta de libertad, la escasez de trabajo y la pobreza cultural del país. b Mejorar su calidad de vida y sus sueldos y no tener que emigrar a Europa. c La libertad que se disfrutaba en Europa. d Padre, madre e hijos y todos se reunían en el salón de la casa alrededor de la televisión. e El fútbol. 2 Realización libre. 3 Realización libre. 4 Realización libre.

B 1 Realización libre. 2 a Charlar y compartir problemas. Pasar un rato agradable. Jugar a las cartas o ver un partido de fútbol. Encontrar o encontrarse con amigos. b La decoración, el horario, la música, el ruido y los clientes. c Realización libre. d Realización libre.

4 Lee.
1 a Realización libre. b Realización libre. c Realización libre. 2 a Porque el 31 de diciembre de cada año miles de madrileños y visitantes se reúnen delante del reloj en la plaza de la Puerta del Sol para despedir al Año Viejo y celebrar la llegada del Año Nuevo. Este momento se conoce como «las doce campanadas». Con cada una de ellas se come una uva. b El 6 de noviembre de 1866, el prestigioso relojero José Rodríguez Losada, que vivía en Londres, regaló este reloj al pueblo de Madrid como muestra de admiración a la reina Isabel II. c Porque en el siglo XV era una de las entradas a Madrid y tenía un sol. d Realización libre. e Realización libre.

5 Escribe.
Realización libre.

Unidad 4: *Vamos a contar historias*

1 CONTENIDOS GRAMATICALES

1 A **1** empezó **2** se trasladaba **3** había sacado **4** presentía **5** buscábamos **6** vi **7** era **8** atrajo **9** empezamos **10** había sentido **11** acercaba **12** hicimos **13** divertíamos **14** llegué **15** pensaba **16** contestaba **17** decidí **18** había vuelto **19** había ido **20** hemos conseguido

1 B Realización libre.

2 A **1** Cuando María conoció a Paco en 1985, él ya se había divorciado. **2** Cuando la policía llegó a los grandes almacenes, los ladrones ya habían huido. **3** Cuando llegué al aeropuerto, el avión ya había despegado. **4** Cuando Picasso pintó *El Guernica*, todavía no había terminado la Guerra Civil Española. **5** Cuando los españoles votaron la Constitución de 1978, tres años antes, Juan Carlos I había sido proclamado rey de España. **6** Cuando nací en 1996, en España ya se había aprobado la Ley del Divorcio durante el gobierno de Felipe González.

2 B a Del 17 de julio de 1936 al 1 de abril de 1939 **b** 22 de junio de 1981 **c** En 1985 **d** En 1975

3 A

[sopa de letras]

3 B **1** odió **2** destruyó **3** conocí **4** compraron **5** pedimos **6** viniste **7** hablaron **8** construía **9** quería **10** vendían **11** desconocía **12** callaban **13** dábamos **14** venías

3 C 1-9 / 2-8 / 3-11 / 4-10 / 5-13 / 7-12

3 D 6 y 14

3 E B Realización libre.

4 A **1** Cena **2** Vecino **3** Ciudad **4** Cerveza **5** Cielo **6** Once **7** Cerezas **8** Quince **9** Corazón **10** Correcta

4 B **1** Jirafa **2** Conejo **3** Viajar **4** Bandeja **5** Tijeras **6** Jueza **7** Jardinero **8** Gato **9** Gasa **10** Proteger **11** Elegir **12** Relojero **13** Bajar **14** Agenda **15** Ingeniero **16** Jarra **17** Brújula **18** Juguete **19** Cajita **20** Cajera

4 C Objetos: bandeja, tijeras, gasa, agenda, jarra, brújula, juguete, cajita. **Animales:** jirafa, conejo, gato. **Profesiones:** jueza, jardinero, relojero, ingeniero, cajera **Verbos:** viajar, proteger, elegir, bajar.

2 CONTENIDOS LÉXICOS
Realización libre.

3 DE TODO UN POCO
1 Interactúa.
A Realización libre.

B 1 Realización libre **2 a** Realización libre **b** Realización libre **c** El aspirante, que fue contratado (de entre 200 candidatos) no dudó al dar su respuesta. Simplemente contestó: «Le daría las llaves del automóvil a mi amigo, y le pediría que llevara a la anciana al hospital, mientras, yo me quedaría esperando el autobús con la mujer de mis sueños». Moraleja: Debemos superar las aparentes limitaciones que nos plantean los problemas y aprender a pensar creativamente.

C Realización libre.

2 Habla.
Realización libre.

3 Escucha.
A 1 Realización libre **2 a** 1 **b** 2 **c** Porque no quería comprar el restaurante, solo pagar la comida. **d** ¿Cómo puedes pintar así?

B 1 Realización libre **2 a** En tu opinión, ¿qué debo ver o hacer? Debo visitar el Lago Maracaibo? ¿Tú sabes cuál es el lugar más visitado de Venezuela? ¿Y el archipiélago de los Roques? ¿Qué platos me recomiendas? ¿Tengo que vacunarme? **b** Para mí, el viaje a la ciudad de Mérida es muy interesante. Claro que sí, (el lago Maracaibo) es el más largo de Latinoamérica y allí podrás ver los palafitos de Santa Rosa. Para mí, sin lugar a dudas, el lugar más visitado de Venezuela es la isla Margarita. No sé qué decirte... Creo que la comida te va a sorprender. Prueba el pabellón criollo y las arepas. No estoy muy seguro.
c Realización libre.
d Realización libre.

4 Lee.
1 c, e, f, h **2** b, g, i **3** d, j, a

Soluciones

http://www.elimparcial.es/contenido/68586.html

http://www.antena3.com/noticias/sociedad/conductor-atropella-peatones-rastro-madrid_2010080100004.html

http://www.antena3.com/noticias/economia/madrilenos-tienen-salario-mas-alto-espana_2010080200126.html

5 Escribe.
Realización libre.

Unidad 5: *Los espectáculos*

1 CONTENIDOS GRAMATICALES
1 A

Infinitivo	Presente de indicativo	Presente de subjuntivo
Encontrar	Encontramos	Encontremos
Seguir	Sigue	Siga
Poner	Ponen	Pongan
Dar	Dan	Den
Hablar	Habláis	Habléis
Tener	Tienes	Tenga
Hacer	Hago	Haga

1 B Haya.

1 C Realización libre.

2 A 1 haya **2** encontremos **3** sigan **4** pongan **5** podamos **6** hablen **7** acompañen **8** construyan **9** den **10** tengan

2 B a Escribe una carta de agradecimiento a un hospital público de la Costa del Sol. **b** Se queja de que no haya aparcamientos cerca de muchos hospitales españoles; elogia el equipo médico y los medios técnicos con los que cuenta el hospital de la Costa del Sol. **c** Realización libre.

3 A 1 defiendan **2** hablen **3** ayuden **4** acompañen **5** hagan **6** acepten **7** escuchen **8** sean **9** respeten **10** cuenten

3 B Realización libre.

4 A más, así, bailarín, más, filosofía, Más, música, veintidós, día, día, interpretación, él, está, presentación, último, llevará, Latinoamérica, Además, también, cáncer, carácter, más.

4 B 1 León **2** Balón **3** Lápices **4** Jóvenes **5** Exámenes **6** Ingleses **7** Plátano **8** Espectáculos **9** Móvil **10** Fáciles

4 C 1 sé, él **2** sí (el que aparece en último lugar) **3** él, mí **4** té **5** dé **6** Sé

2 CONTENIDOS LÉXICOS
1 A Realización libre.

1 B pantalla, butaca, luz, actor, directora, taquilla, telón, cola, escenario, entrada.

1 C Realización libre.

2 A 1 película **2** director **3** actor **4** nominada **5** lengua no inglesa **6** taquillera **7** versión original

2 B Realización libre.

3 DE TODO UN POCO
1 Interactúa.

A 1 Realización libre. **2** Tango - Argentina / Bachata - República Dominicana / Merengue - Caribe y República Dominicana / Vallenato - Colombia / Salsa - Cuba / Sevillanas - España. **3** Realización libre. **4** Realización libre. **5** Realización libre.

B Realización libre.

2 Habla.
Realización libre.

3 Escucha.
A 1 a Daniel y Juan, que son primos. Laura, amiga de ambos. **b** En la calle de un pueblo de Madrid, Villalba. **c** Daniel acepta ir a Madrid y ver una película en el cine. Daniel y Juan aceptan ir a casa de Laura. Laura rechaza ir a Madrid. **d Recursos para aceptar:** *Me parece muy buena idea. Pues sí, estupendo. Perfecto. ¡Genial! ¿A qué hora quedamos?* **Recursos para rechazar:** *Me encantaría pero ¡qué lástima!, no puedo, (se justifica el rechazo) es que mis padres.* **2** Realización libre.

4 Lee.
Realización libre.

2 a «Música clásica para niños y mayores».
b Realización libre.

6 Escribe.
Realización libre.

Unidad 6: *La diversidad es nuestra realidad*

1 CONTENIDOS GRAMATICALES

1 A **1** estás **2** se separen **3** te sientas **4** quiera **5** se vaya **6** se divorcien **7** sea **8** vuelvan **9** tenga **10** cuides **11** tranquilices

1 B Realización libre.

2 A **Presente de indicativo:** come, sabéis, conoces, leemos, sienten.
Presente de subjuntivo: conozcas, leamos, coma, sepáis, sientan.

2 B Realización libre.

3 **1** desde, hasta **2** desde, hasta, entre **3** desde, para, por **4** hasta

4 **1** entre **2** de **3** entre **4** desde **5** hasta **6** de **7** por **8** a **9** de **10** a **11** por **12** por **13** hasta **14** entre **15** de **16** a

2 CONTENIDOS LÉXICOS

1 A **1** b **2** d **3** a **4** e **5** g **6** f **7** c

1 B **1** Estás como un fideo **2** Se pone como un tomate **3** Estaba como un flan, como una sopa **4** Estoy de mala leche/uva, pan comido **5** Nos van a dar las uvas

1 C Realización libre.

2 A **1** taza **2** cuchara de madera **3** cazo **4** sartén **5** licuadora **6** rallador **7** fuente de horno

2 B **1** cazo **2** cuchara **3** licuadora **4** taza **5** sartén **6** taza **7** cuchara **8** tazas **9** rallador **10** bandeja

2 C Realización libre.

3 DE TODO UN POCO

1 Interactúa.
A 1 **1** Verdadero **2** Verdadero **3** Falso **4** Falso **5** Verdadero **6** Falso **7** Verdadero **8** Falso **9** Verdadero
2 Realización libre.
3 Realización libre.

B Realización libre.

2 Habla.
Realización libre.

3 Escucha.
A **1 a** Hablan dos mujeres de diferentes países. **b** Leslie es de Honduras y Simeen es de Bangladesh.
c LESLIE SALGADO: Me parece que aquí las familias son más pequeñas. Cuando vine a España me sorprendió que muchos ancianos fueran a una residencia. / Cuando caminaba por la calle me chocaba con la gente y cuando me volvía para pedir perdón ¡ya no estaban!
2 SIMEEN AKHTAR: Al llegar a España me sorprendió ver cómo las mujeres se comportaban de una forma tan libre en relación con los hombres, andando uno al lado del otro.
d LESLIE SALGADO: En Honduras, aunque se utilizan métodos anticonceptivos, ninguna familia quiere tener menos de cuatro hijos. / En mi país es un privilegio tener a los ancianos en casa.
SIMEEN AKHTAR: En Bangladesh, la mujer siempre va detrás del marido, ocupando un segundo lugar. / En mi país, el visitante se sorprende por otras razones: el tumulto en la calle y los *rickshaws* (taxis tirados por hombres, a veces andando, otras en bicicleta) y porque miles de personas comen y beben en las aceras. / La familia es el corazón de nuestra actividad, respetamos a las personas mayores. / Tenemos una gran espiritualidad.
2 Realización libre.
B **1 a** Sergio y Patricia son primos. Están recordando a sus abuelos, que decidieron emigrar a Argentina y también hablan de las mujeres que, como la abuela de Patricia, se quedaron en España y tuvieron que ejercer de padre y madre a la vez. **b** Están en una sidrería de Villaviciosa (Asturias). **c** *Sí, eso es cierto. Tienes razón. Sí, así es. Por supuesto. Claro que sí.*

2 Realización libre.

4 Lee.
1 a Realización libre **b** Realización libre **c 1** b **2** a **3** e **4** c **5** d **6** f **2 a** don Pascual: padre de don Pedro, Don Pedro: novio de Tita María, Elena: madre de Rosaura, Gertrudis y Tita, Chencha: sirvienta de la casa de María Elena **b** Pedir la mano de Tita **c** Realización libre.

5 Escribe.
Realización libre.

Unidad 7: *Nuestra lengua*

1 CONTENIDOS GRAMATICALES
1 A 1 arregle 2 tengan 3 sea 4 haya 5 discuta 6 vaya 7 mejore 8 haga 9 encuentren 10 vayan 11 dejen 12 acabe 13 pongan 14 toque 15 manden 16 deje 17 trabajen 18 pasen

2 CONTENIDOS LÉXICOS
1 A 1 Canoa 2 Hamaca 3 Tucán 4 Papaya 5 Patata 6 Chocolate

3 DE TODO UN POCO
1 Interactúa.
Realización libre.

2 Habla.
Realización libre.

3 Escucha.

1 B Realización libre.

2 1 b 2 a 3 f 4 d 5 c 6 e

3 Realización libre.

4 1 por, para 2 a, por 3 para, por, Por, por 4 por 5 de, de

1 B Realización libre.

1 C 1 tambor 2 alfombra 3 jarra 4 naranja 5 ojalá 6 zanahoria

4 Lee.
A 1 Realización libre. 2 a segunda b tercera c tercer

B 1 Realización libre. 2 1 b 2 a 3 c 4 b 5 a 6 b 7 b 8 a 9 a 10 c 11 b

5 1 en 2 a 3 de 4 del 5 a 6 de 7 de 8 de 9 de 10 de 11 en 12 de 13 para 14 de 15 a 16 de 17 para 18 de 19 por 20 a 21 a 22 a/para 23 a 24 a 25 en 26 en 27 a 28 al 29 de 30 desde 31 hasta 32 de

1 D Realización libre.

3 a En Nueva York b En casa de Federico de Onís y de Brickell c Respuesta libre. d Respuesta libre.

5 Escribe.
Realización libre.

	Situación 1	Situación 2	Situación 3
1 ¿Dónde están las personas que hablan?	En una casa.	En el banco.	En una cafetería.
2 Enumera los objetos que piden prestados.	Cámara de fotos. 30 euros. Teléfono móvil. Gel.	Bolígrafo.	Maleta.
3 ¿Cómo piden cosas?	¿Alguien tiene una cámara de fotos? ¿Me podríais prestar 30 euros? Dejadme un móvil para pedírselo a mi padre. ¿Puedo usar vuestro gel?	¿Me deja el suyo?	Necesitaría tu maleta grande para el viaje a México.

Unidad 8: *Los estudios, ¿una obligación? No*

1 CONTENIDOS GRAMATICALES

1 1 Como no nos gusta la carrera que hemos empezado, hemos decidido buscar trabajo en Finlandia. // Hemos decidido buscar trabajo en Finlandia porque no nos gusta la carrera que hemos empezado. **2** Como en Finlandia hace frío, no olvidéis poner en la maleta ropa de abrigo. // No olvidéis poner ropa de abrigo en la maleta porque en Finlandia hace frío. **3** Como tengo un examen importantísimo, no puedo ir a buscarte al aeropuerto. // No puedo ir a buscarte al aeropuerto porque tengo un examen importantísimo. **4** Como mi empresa me obliga, tengo que trabajar el sábado. // Tengo que trabajar el sábado porque mi empresa me obliga. **5** Como estáis muy estresados con el trabajo, no queremos ir a vuestra casa. // No queremos ir a vuestra casa porque estáis muy estresados con el trabajo.

2 Respuestas posibles: **1** Si no os gusta la carrera que habéis empezado, buscaréis trabajo en Finlandia. **2** Si en Finlandia hace frío, llevaos ropa de abrigo. **3** Si tienes un examen importantísimo, no vayas a recogerme al aeropuerto. **4** Si mi empresa me obliga, tendré que trabajar el sábado. **5** Si estáis muy estresados con el trabajo, no hagáis fiestas en casa.

3 1 Tenía mucho sueño, así que/por eso me acosté. **2** María no veía bien la letra pequeña, así que/por eso se puso las gafas. **3** Esta habitación ha estado tres meses cerrada, así que/por eso hay que hacer una limpieza a fondo. **4** Carmen necesitaba sentirse libre, así que/por eso le dijo a su marido que se iría sola a pasar unos días a Madrid. **5** Han viajado mucho por Latinoamérica, así que/por eso hablan muy bien español. **6** Suspendía todas las asignaturas, así que/por eso dejé la carrera y me puse a trabajar.

4 A 1 para **2** así que/por eso **3** para que **4** así que/por eso **5** así que/por eso **6** para que

B Realización libre.

5 A 1 b **2** a **3** d **4** c **5** e **6** h **7** g **8** f **9** i

5 B 1 esté **2** sea **3** viva **4** vive **5** es **6** tenga **7** esté **8** está

6 A 1 era **2** soñaba **3** estuve **4** viví **5** tenía **6** me gustaba **7** dieron **8** quedé

6 B Realización libre.

2 CONTENIDOS LÉXICOS

1 A 1 El ausente **2** El empollón **3** El pesado **4** El «A mi bola» **5** El chuletero **6** El «Todo-qué-fácil» **7** El pelota **8** El escritor **9** El chivato

B Realización libre.

3 DE TODO UN POCO

1 Interactúa.
Realización libre.

2 Habla.
Realización libre.

3 Escucha.
A 1

Nombre	Edad	Nacionalidad	¿Dónde estudia?	¿Qué estudia?	¿Qué piensa de su experiencia?
Daniela Gallego	27 años	Española	Universidad de Granada	Filología Árabe	Está muy contenta.
José Fernando Barranco	22 años	Mexicano	Universidad Nacional de Buenos Aires	Arquitectura	Es interesante y Buenos Aires le fascina.
Amparo Romero	21 años	Española	Copenhague	Bellas Artes	Está muy contenta.

2 Realización libre.

B **1** b **2** a **3** b **4** c

4 Lee.
1 b **2** b **3** a **4** a **5** b

5 Escribe.
Realización libre.

Unidad 9: *Dar las gracias no cuesta dinero*

1 CONTENIDOS GRAMATICALES
1 A 1 Quítate **2** entra **3** abre
4 Empieza **5** sube **6** termina
7 Permanece **8** Deja **9** estira
10 Enjabónate **11** concéntrate
12 aclárate **13** olvídate **14** Sal
15 sécate **16** recoge **17** pon

1 B Realización libre.

2 A 1 Llame **2** cierre **3** Compre
4 No olvide **5** Saque **6** No ponga
7 Use **8** desayune **9** Utilice

2 B Realización libre.

3 A 1 Ven **2** Sal **3** Callaos **4** dime
5 cuentes **6** seas

3 B 7 vayan **8** Perdone **9** Háganla
10 Hazla **11** dígame **12** créame
13 Tenga **14** griten **15** dejen
16 discutas

4 A

	hacer	ir	ser	poner	decir	venir	salir
tú	haz	ve	sé	pon	di	ven	sal
usted	haga	vaya	sea	ponga	diga	venga	salga
vosotros	haced	id	sed	poned	decid	venid	salid
ustedes	hagan	vayan	sean	pongan	digan	vengan	salgan

5 1 sugerencia **2** orden **3** sugerencia **4** consejo **5** permiso **6** sugerencia **7** instrucción **8** orden

6 ¡ZAPATOS FUERA!
Este es un hábito sueco que usted posiblemente habrá podido observar ya en algunos aviones. Yo lo experimenté por primera vez solo tres días después de la inauguración de nuestra casa en Estocolmo.
Había llamado a un hombre para instalar una antena parabólica y cuando entró en la casa se quitó los zapatos. Le dije sorprendida: «No se preocupe, no es necesario que se quite los zapatos», pero no entendió por qué le decía aquello. Me miró con cara de extrañeza y se fue para la habitación.
Nunca había experimentado nada semejante, a no ser los niños, nadie se quita los zapatos al entrar en casa y menos alguien desconocido. Poco después aprendí que es una práctica muy común, ya que quieren evitar introducir en la casa el barro y la suciedad que producen la nieve y la lluvia.
Más allá del motivo del clima, es cierto que también los suecos valoran mucho la «comodidad» y estar sin zapatos es más cómodo; así que aprovechan cualquier ocasión haya barro o no para quitárselos.
Por eso, ya sabe si un día llega a su casa y se encuentra a un tipo sin zapatos no se preocupe.

2 CONTENIDOS LÉXICOS
Realización libre.

3 DE TODO UN POCO
1 Interactúa.
Realización libre.

2 Habla.
Realización libre.

3 Escucha.
1 1 Gira la cabeza 90 º hacia ambos lados, sin bajar la barbilla. **2** Sube los brazos y enlaza las manos por encima de la cabeza. Estira los brazos el máximo posible. **3** Con la espalda recta, mueve los hombros hacia atrás. Mantén esta posición durante cinco segundos. **4** Inclina el cuerpo hacia adelante, hasta que la nariz toque las rodillas. Abraza las piernas con los dos brazos. **5** Coloca las manos entrelazadas sobre la cabeza y baja la cara, hasta tocar el pecho con la barbilla.

2 Realización libre. **3** Realización libre.
4 Realice estos ejercicios sentado/a en una silla, a ser posible en un ambiente relajado. **1** Gire la cabeza 90 º hacia ambos lados, sin bajar la barbilla.
2 Suba los brazos y enlace las manos por encima de la cabeza. Estire los brazos el máximo posible. **3** Con la espalda recta, mueva los hombros hacia atrás. Mantenga esta posición durante cinco segundos. **4** Incline el cuerpo hacia adelante, hasta que la nariz toque las rodillas. Abrace las piernas con los dos brazos. **5** Coloque las manos entrelazadas sobre la cabeza y baje la cara, hasta tocar el pecho con la barbilla.

4 Lee.
A 1 Realización libre. **2 1** a **2** b **3** b **4** a **5** b **6** b **7** c **8** b **9** c **10** c

B 1 a **2** a **3** c

5 Escribe.
Realización libre.

Soluciones

Unidad 10: *Ellos y ellas*

1 CONTENIDOS GRAMATICALES
1 1 es 2 Está 3 Es 4 está 5 hay 6 hay 7 hay 8 están 9 son 10 hay 11 es 12 está/hay 13 es 14 está 15 Es 16 hay 17 es 18 hay 19 es 20 es 21 hay 22 es 23 están 24 está 25 es 26 Son

2 A 1 es 2 está, está 3 son, están 4 son, están 5 es, es, está 6 está 7 es, está, son

2 B 1 Con *ser*, el adjetivo *malo* indica que es perjudicial. Con *estar* y aplicado a personas indica que está mal de salud. 2 Con *ser*, el adjetivo *viejo* significa que tiene muchos años. Con *estar* y aplicado a una cosa, que está muy estropeado. 3 Si tu madre es joven significa que tiene pocos años. Tu madre está joven significa que parece que tiene menos años. 4 Ana es lista, es decir, es inteligente; Ana está lista, está preparada para realizar algo.

2 C Realización libre.

3 1 la mía 2 la nuestra. 3 la nuestra 4 la mía 5 la vuestra 6 la tuya 7 la mía 8 La nuestra 9 El mío 10 el mío 11 el mío 12 el suyo

2 CONTENIDOS LÉXICOS
1 A 1 se quedó 2 se quedó 3 se volvió, hacerse 4 se ha vuelto 5 se hizo 6 se pone 7 se hizo

1 B 1 Es un premio de literatura en lengua española concedido anualmente por el Ministerio de Cultura de España a propuesta de las Academias de la Lengua de los países de habla hispana. 2 A tres. María Zambrano (1988); Dulce María Loynaz (1992); Ana María Matute (2010). 3 El 23 de abril. Coincide con la fecha en que se conmemora la muerte de Miguel de Cervantes. 4 Realización libre. 5 De México. 6 Realización libre.

3 DE TODO UN POCO
1 Interactúa.
Realización libre.

2 Habla.
Realización libre.

3 Escucha.
1 **a** Manolo y Pilar. Quieren concertar una cita. **b** Está de viaje con sus alumnos en Salamanca. **c** Manolo propone ir a una cafetería y Pilar verse en un restaurante. **d** Quedan a las 21.00 debajo del reloj de la Plaza Mayor. 2 Realización libre. 3 Realización libre.

4 Lee.
A 1 Realización libre. 2 1 Falso 2 Falso 3 Verdadero 4 Falso 3 Realización libre.

B 1 Realización libre. 2 1 a 2 b 3 c 4 a 5 b 6 b 7 c 8 a 9 c 10 b

5 Escribe.
Realización libre.

Unidad 11: *Me lo dijeron dos veces*

1 CONTENIDOS GRAMATICALES
1 1 Dice que no te ha visto en clase y que te ha llevado el libro. Que la llames. 2 ha aprobado el carné de conducir. 3 te ha llamado dos veces y que han quedado a las nueve de la noche en el bar de la esquina para preparar la fiesta del sábado. 4 está mejor aunque todavía no puede andar. Que te pases por su casa y que le lleves una peli. 5 ayer se dejó la gafas de sol en casa y pregunta que cuándo puede venir a recogerlas. 6 han recibido las lentillas que les encargaste.

2 1 Jaime, Marta y Pedro 2 De Paco 3 En Venezuela 4 Paco dijo que había estado visitando su ciudad, Mérida, y que le había encantado. 5 había estado en casa de la familia de Marta, pero que había tenido que marcharse pronto porque estaba muy cansado. 6 Le preguntó que cuánto tiempo se quedaría en Venezuela.

3 1 el lunes 2 el idioma 3 la televisión 4 la foto 5 el aula 6 el buzón 7 la juventud 8 el problema 9 la radio 10 la canción 11 el agua 12 el traje 13 la mano 14 el color 15 la excursión 16 la carne 17 el mapa 18 la moto 19 el dolor 20 las flores

4 1 la televisión, la radio 2 la carne 3 el traje, el color 4 el problema, la moto, el buzón, el dolor 5 la canción 6 el lunes, la juventud

5 A 1 sacapuntas 2 cortaúñas 3 portarrollos 4 cascanueces 5 sacacorchos 6 pintalabios 7 quitamanchas 8 posavasos 9 abrelatas

5 B Realización libre.

2 CONTENIDOS LÉXICOS
1 El saco: la chaqueta 2 La heladera: el frigorífico 3 El carro: el coche 4 La vereda: la acera 5 El colectivo: el autobús 6 El boleto: el billete 7 Los anteojos: las gafas

3 DE TODO UN POCO
1 Interactúa.
A Realización libre.

B 1 El balón 2 El coche 3 La pera 4 El semáforo 5 El plátano 6 El sacapuntas

2 Habla.
Realización libre.

3 Escucha.
1 Realización libre. 2 **a** Verdadero **b** Falso **c** Falso **d** Falso **e** Verdadero

4 Lee.
A **a** 2 **b** 2 **c** 1 **d** 1 **e** 2

B Realización libre.

5 Escribe.
Realización libre.

Nuevo Avance Intermedio

Soluciones

Unidad 12: *El mundo del trabajo*

1 CONTENIDOS GRAMATICALES
1 A Realización libre.

1 B Se necesita, me llamaron, me han hecho, tienes, llaman.

1 C 1 Se necesita recepcionista: no interesa el sujeto. Se usa *Se* + la tercera persona del singular. **2** Me llamaron para una entrevista… Me han hecho… Llaman a la puerta: cuando el hablante no conoce el sujeto o no le interesa nombrarlo, se usa la tercera persona del plural. **3** Al trabajar por la noche tienes toda la tarde libre para…: cuando el hablante presenta lo que dice como algo impersonal, pero al mismo tiempo quiere incluir a la persona con la que está hablando.

2 1 Se avisó rápidamente del peligro de inundación en esa zona. / Avisaron rápidamente del peligro de inundación en esa zona. **2** Se vive con más comodidades que antes. / Viven con más comodidades que antes. **3** Según las estadísticas, se habla bien de los representantes sindicales. / Según las estadísticas, hablan bien de los representantes sindicales. **4** En muchas ciudades, durante los últimos años, se ha edificado sin tener compradores o sin pensar en ellos. / En muchas ciudades, durante los últimos años, han edificado sin tener compradores o sin pensar en ellos. **5** Se insultó al árbitro al final del partido. / Insultaron al árbitro al final del partido. **6** Se detuvo al ladrón. / Detuvieron al ladrón. **7** Rápidamente, se alejó a los curiosos del lugar del accidente. / Rápidamente, alejaron a los curiosos del lugar del accidente.

3 1 Llevo trabajando, estoy engordando, tiene que ser, Empieza a hacer, deja de fumar **2** Llevas sin ir, vuelvo a repetir, ponte a estudiar, Hay que ser, sigo sin entender **3** sigo trabajando, estoy buscando, van a echarte

4 1 Mucha gente sigue buscando la felicidad en las cosas materiales. **2** España lleva ganando al fútbol varios campeonatos seguidos. **3** El hombre es el único animal que vuelve a tropezar en la misma piedra. **4** Hay jóvenes que llevan sin trabajar varios años. **5** Ponte a escribir tu currículum vítae para encontrar trabajo. **6** Muchos jóvenes españoles de entre 30 y 35 años siguen viviendo en casa de sus padres. **7** Desde que se fueron de aquí no he vuelto a verlos.

5 Realización libre.

2 CONTENIDOS LÉXICOS
1 1 Jornada partida **2** Jornada continua **3** Trabajo nocturno **4** Trabajo por turnos **5** Trabajo en festivos **6** Horas extraordinarias

2 1 a **2** a **3** b **4** a **5** b

3 DE TODO UN POCO
1 Interactúa.
Realización libre.

2 Habla.
Realización libre.

3 Escucha.
A 1 a Falso **b** Falso **c** Verdadero **d** Falso **e** Verdadero **2** a **3** Recursos para expresar lo que a uno le gusta: Me encanta, Me fascina, Me gusta, Me caen (bien). Recursos para expresar lo que a uno no le gusta: No soy aficionada. No me gusta. Odio. Me disgusta.

B 1 Realización libre. **2 a** A cuatro personas. **b** Experto en Educación Animal, Ingeniero Ambiental, Educadores, Expertos en Turismo **c** Realización libre.

4 Lee.
1 a Realización libre. **b** Realización libre. **2 1** a **2** b **3** a **4** b **5** b **6** a **7** b **8** a **9** b **10** a **11** c **12** c **13** b

5 Escribe.
Realización libre.

Examen DELE nivel B1

1 Interpretación de textos escritos
Parte número 1
1 F 2 V 3 F

Parte número 2
4 F 5 F 6 V 7 F 8 F 9 V 10 F

Parte número 3
11 a 12 c 13 c 14 b 15 a 16 b 17 a 18 c 19 b 20 a

2 Prueba de producción de textos escritos
Respuesta libre.

3 Interpretación de los textos orales
Parte número 1
1 a 2 c 3 b 4 a 5 b 6 a 7 b 8 a 9 a 10 c

Parte número 2
11 a 12 b 13 c 14 a 15 c 16 b 17 c

Parte número 3
18 a 19 a 20 b

Parte número 4
21 c 22 a

4 Conciencia comunicativa
Parte número 1
1 b 2 a 3 c 4 b 5 c

Parte número 2
6 está 7 les 8 de 9 Es 10 ningún 11 alguien 12 por 13 lo 14 Cualquier 15 llevo

Parte número 3
16 b 17 b 18 b 19 b 20 b 21 b 22 a 23 a 24 a 25 a 26 b 27 c 28 a 29 c 30 a 31 c

5 Expresión oral
Respuesta libre.

Transcripciones de las audiciones

Unidad 1: *La ciudad es mi planeta*

Pista 1
DE TODO UN POCO. Actividad 3 A
Nuestra reportera de Onda Meridional ha entrevistado a dos jóvenes que han decidido reconciliarse con el medioambiente renunciando a la comida basura y al coche.

● Me llamo Pedro y tengo 25 años. Me saqué el carné de conducir a los 18 años. No tenía coche, pero usaba el de mi padre los fines de semana. Cuando empecé a trabajar, pensé en comprarme uno, pero decidí que era mejor independizarme de mis padres que tener un coche. Ahora vivo en el centro. Tengo cerca todo lo que quiero. Si tengo que ir a algún sitio lejos, me gusta utilizar el transporte público, puedo leer, escuchar música, ver la ciudad y, sobre todo, pensar en mis cosas, sin preocuparme de nada. La gente dice que tiene coche por comodidad, pero a mí no me parece cómodo pasar tiempo en un atasco o buscando un aparcamiento. Estoy feliz porque tengo calidad de vida. ¿Tener coche? No, gracias.

● Me llamo Carmen, tengo 23 años, estudio Medicina y vivo con mi madre. Hace años mi madre empezó a comprar algunos productos biológicos: fruta, verdura..., y, poco a poco, los fue sustituyendo todos. Cada día mi madre se sentía mejor y tenía la piel más luminosa. También yo decidí abandonar la comida basura y tomar productos biológicos. Ahora, con una dieta más equilibrada y sana, me encuentro muy bien. Me siento bien física y emocionalmente. Sé que hago lo correcto porque soy respetuosa con el medioambiente... Estoy muy concienciada con el cuidado del entorno y colaboro con la Fundación Vida Sana.

Pista 2
DE TODO UN POCO. Actividad 3 B
Buenas tardes, queridos oyentes de Onda Meridional. Con ustedes el espacio «La ciudad es mi planeta». Hoy vamos a hablarles de Estocolmo.
La capital sueca fue la Capital Verde Europea en 2010, seguida por Hamburgo en 2011 y Vitoria en 2012.
¿Qué méritos ecológicos tuvo Suecia para merecerse ese galardón?
La capital sueca ha logrado reducir sus emisiones de CO_2 un 25% por habitante desde 1990. Lo ha conseguido gracias a un paquete de estrictas medidas ambientales. Veamos siete de estas medidas entre muchas otras adoptadas:

1. Disminución del tráfico en el centro.
2. El 50% de los autobuses circula con energías renovables y el 50% del transporte público funciona de manera subterránea.
3. Los 760 kilómetros de carril bici de la ciudad han duplicado el número de ciclistas.
4. Se han sustituido más de 200 000 bombillas convencionales en más de 400 edificios públicos y, en los últimos años, se han invertido 18 millones de euros en sustituir más de 600 sistemas de calefacción por calderas modernas.
5. Un 95% de la población aproximadamente vive a menos de 300 metros de zonas verdes que mejoran la calidad de vida local.
6. El barrio modelo de la ciudad es Hammarby Sjöstad antigua zona industrial transformada en experimento de sostenibilidad. El barrio genera casi toda la energía que consume. Los desperdicios que no pueden ser aprovechados se queman para producir electricidad.
7. En Hammarby Sjöstad de las aguas residuales se obtiene biogás, que se utiliza en las cocinas y es el combustible con el que circulan los autobuses del barrio. También los residentes cuentan con un tren gratuito que les lleva al centro.

Unidad 2: *¡Cuánto hemos cambiado!*

Pista 3
DE TODO UN POCO. Actividad 3 A
Esta noche en Onda Meridional y en nuestro espacio Inventos para todo vamos a hablar sobre los inventos de mujeres. Todos ellos han hecho nuestra vida más fácil y segura.
El limpiaparabrisas, el corrector blanco de errores en papel, el serrucho circular, el lavaplatos, la tabla de planchar, el biberón desechable... Todos ellos son inventos de mujeres. Seguramente habrá más, pero nunca lo sabremos. Esto se debe a que, en el pasado, muchas mujeres no podían patentar sus inventos con su nombre. En la actualidad, las mujeres inventoras siguen recibiendo poco apoyo por parte de los gobiernos. No se sienten recompensadas por su esfuerzo porque piensan que es muy difícil sacar sus inventos al mercado. A pesar de los obstáculos vamos a hablar de estas tres mujeres que han obtenido premios en el Salón Internacional de Invenciones Técnicas y Productos Nuevos de Ginebra:
La madrileña Yolanda Chia ha inventado el BIBEBRIK. Se trata de un biberón de un solo uso, higiénico y reciclable. Bibebrik es ideal para alimentar

Nuevo Avance Intermedio

Transcripciones de las audiciones

al bebé con total higiene cuando se encuentra fuera de casa, como por ejemplo, durante un viaje. También, se puede utilizar para alimentar a bebés en catástrofes y en proyectos de ayuda al desarrollo en países del Tercer Mundo, en donde es muy difícil esterilizar los biberones.

Ana Tabuenca, también madrileña, ha creado un sistema de embalaje que, además de regular la temperatura y la humedad, lleva incorporado un GPS y un control de apertura. De este modo, se puede localizar el paquete y saber si se abre o cierra y en qué lugar ocurre. Se puede utilizar para el transporte de obras de arte y de material especialmente sensible.

Por último, la mexicana Sara Alarcón, diseñadora gráfica, tuvo la ocurrencia de diseñar historietas en el papel higiénico. También son suyos el guion y los personajes que aparecen en el papel.

Pista 4
DE TODO UN POCO. Actividad 3 B
En la calle.
Octavio, que es de Valladolid enseña la ciudad a su amiga Graciela de Argentina.
- Bueno, Graciela, vamos a ver qué te enseño hoy. ¿Quieres ver el Museo Nacional de Escultura? Está ahí. Es ese edificio antiguo de piedra con esa fachada tan impresionante.
- ▼ Sí, me apetece mucho.
- Entonces vamos a entrar. Son las once y media y tenemos tiempo.
- ▼ Y esta, ¿qué iglesia es?
- Esta es la iglesia de San Pablo. Mira qué fachada tan maravillosa. Me encanta. Es un orgullo para la ciudad.
- ▼ ¿Por qué no la visitamos por dentro?
- Imposible. Si queremos visitar el museo, no podemos entrar en la iglesia. Solo tenemos tiempo para ver una de las dos cosas, o el museo o la iglesia.
- ▼ Bueno, como digas. Vamos al museo.
- Después del museo, ¿qué te parece si vamos a comer un buen lechazo en la Parrilla de San Lorenzo.
- ▼ Lo siento, pero sabés que ando mal de plata ¿Por qué no vamos al bar de ayer?
- No, no vamos a ir a ese bar otra vez. Hoy quiero invitarte yo a algo especial y típico de la ciudad.
- ▼ Sos un amor. Te debo una. Y muchísimas gracias.

Unidad 3: *La medida del tiempo*

Pista 5
DE TODO UN POCO. Actividad 3 A
Hoy en Onda Meridional y en nuestro espacio «A través de la Historia» vamos a hablar sobre los cambios de España La dictadura terminó el 20 de noviembre de 1975 cuando murió Franco. En aquella época, los problemas que más preocupaban a los españoles eran la falta de libertad y de trabajo y la pobreza cultural del país. La gente quería mejorar su calidad de vida y sus sueldos y no tener que emigrar a Europa. Un funcionario ganaba unas 20000 pesetas (120 euros) y la mayoría de las familias no tenían coche, ya que no era considerado como un bien de primera necesidad.

En las Universidades, en general, había mayoría de hombres. Los estudiantes deseaban la libertad que se disfrutaba en Europa. Había censura en la prensa, en la radio y en la televisión.

El modelo tradicional de familia era padre, madre e hijos, y todos se reunían en el salón de la casa alrededor de la televisión, todavía en blanco y negro.

El deporte favorito de los españoles, especialmente de los hombres, era el fútbol.

Muchas cosas han cambiado en España desde entonces... Hoy España está de moda en el mundo gracias al deporte y al progreso experimentado en muy pocos años. El éxito de la selección española en el Campeonato del Mundo de Fútbol en el verano del 2010 sitúa a España como uno de los países con mejores deportistas y mejor imagen deportiva del mundo.

Pista 6
DE TODO UN POCO. Actividad 3 B
Nuestra entrevistadora de Onda Meridional se ha dirigido a un popular barrio madrileño a entrevistar a Antonio, andaluz de un pueblo de Sevilla, pero residente en Madrid hace ya muchos años.
- Antonio nació hace ochenta y tres años en un pueblo de la provincia de Sevilla y durante más de cuarenta años fue dueño de un bar en un barrio de Madrid.
Buenos días, Antonio.
- ▼ Buenos días.
- ¿Qué hace un andaluz en Madrid?
- ▼ Pues, mire... En 1950 mi mujer y yo salimos de Andalucía buscando una vida mejor para nuestros hijos. Llegamos a Madrid, donde empecé a trabajar en la construcción hasta que en 1958 compramos un bar en una calle estrecha en un barrio de inmigrantes; allí había muchos andaluces. La verdad es que nos ha ido muy bien. Mi local estaba lleno mañana, tarde y noche, todos los días del año.
- ¿Cuál ha sido su secreto?
- ▼ A un bar no solo se va a beber y a comer. El bar debe ser un lugar de reunión donde la gente se encuentra para charlar y compartir problemas, para pasar un rato agradable, jugar a las cartas o ver un partido de fútbol... En mi bar la gente siempre ha encontrado amigos y se ha sentido bien porque todos éramos iguales: hombres, mujeres, niños, pobres y ricos...
- ¿Qué cambios le hizo a su bar durante estos cuarenta años?
- ▼ La decoración no la cambié nunca, desde el día de su apertura. Mesas de cuatro personas, una cocina pequeña, la barra y algo muy importante: una televisión. Las tapas sí que cambiaron. Mi mujer trabajaba en la cocina y preparaba unas tapas sencillas pero muy ricas y unos bocadillos que eran famosos en todo el barrio. Con el tiempo decidimos contratar a un ayudante de cocina y a dos camareros.
- Y, ¿qué ha pasado con su bar?
- ▼ A mis hijos nunca les ha interesado

130   Nuevo Avance Intermedio

Transcripciones de las audiciones

el bar. Uno de ellos es fotógrafo y el otro es abogado. Pero cuando estaba a punto de vender el bar, uno de mis nietos decidió quedarse con él y transformarlo en un bar de copas. Lo inauguró en 2002. Cambió la decoración y puso sofás, luz tenue, tonos rojos y música suave. Por las tardes es un café acogedor pensado para relajarse, pero por las noches se sirven copas y se escucha música actual, viene mucha gente joven.
● Lo cuenta con tristeza.
▼ No. Entiendo que los tiempos han cambiado y le deseo lo mejor a mi nieto. Además, los bares en España nunca van a desaparecer.
● Seguro que no. Bueno, Antonio, muchas gracias.

Unidad 4: *Vamos a contar historias*

Pista 7
DE TODO UN POCO. Actividad 1 C
El anciano sonrió y dijo: «Puede usted tranquilizarse. No existe ninguna maldición. Lo que pasa es que aquí tenemos una vieja costumbre. Le contaré: Cuando un joven cumple 15 años, sus padres le regalan una libreta como esta. Es una tradición entre nosotros que, a partir de ese momento, cada vez que uno disfruta intensamente de algo, abre la libreta y anota en ella, a la izquierda, por qué disfrutó. A la derecha, cuánto tiempo duró ese gozo. Por ejemplo: conoció a su novia y se enamoró de ella. ¿Cuánto tiempo duró esa pasión enorme y el placer de conocerla?... ¿Una semana?, ¿dos?, ¿tres semanas y media?... Y después... la emoción del primer beso, ¿cuánto duró?, ¿el minuto y medio del beso?, ¿dos días?, ¿una semana?... ¿Y el embarazo o el nacimiento del primer hijo?... ¿Y la boda de los amigos...? ¿Y el viaje más deseado...? ¿Y el encuentro con el hermano que vuelve de un país lejano...? ¿Cuánto duró el disfrute de estas situaciones...? ¿Horas? ¿Días?... Así, vamos anotando en la libreta cada momento que disfrutamos. Cuando alguien se muere, es nuestra costumbre abrir su libreta y sumar el tiempo de lo disfrutado para escribirlo sobre su tumba. Porque ese es, para nosotros, el único y verdadero tiempo vivido».

Pista 8
DE TODO UN POCO. Actividad 3 A
Hoy en nuestro espacio «Anécdotas con historia» de Onda Meridional, tenemos una de un genio de la pintura. Un día Picasso estaba comiendo con unos amigos en un restaurante. Cuando llegó la hora de pagar la cuenta, Picasso retiró los platos de la mesa y comenzó a pintar un dibujo en el mantel. Cuando llegó el dueño del restaurante, el pintor le dijo: «La cuenta ya está pagada». El dueño del restaurante contestó: «¿Por qué no firma el dibujo?» El pintor respondió: «Porque no quiero comprar el restaurante, solo pagar la comida». Pero no a todo el mundo le gusta la pintura de Picasso. En cierta ocasión una señora le preguntó: «¿Cómo puedes pintar así?». Picasso respondió: «Pinto lo que veo, señora». Y la señora contestó: «Lástima que no vea lo que pinta».

Pista 9
DE TODO UN POCO. Actividad 3 B
Preparando un viaje a Venezuela.
● Hola Alejandro. Aunque no me gusta montar en avión, he decidido hacer un viaje por Venezuela, tu tierra. ¿Qué te parece mi decisión?
▼ A mí me parece muy acertada. No te arrepentirás.
● En tu opinión, ¿qué debo ver o hacer? ¿Qué es lo que no me puedo perder?
▼ Para mí, visitar la ciudad de Mérida es muy interesante. Si viajas en avión desde Caracas, podrás ver los picos más altos de los Andes venezolanos. Además, podrás subir en el teleférico a 4000 metros de altura. Buenísimo.
● Suena fantástico, pero me da un poco de miedo.
▼ No te lo puedes perder, es el teleférico más largo y alto del mundo.
● ¡Vale! Lo intentaré. Y, ¿debo visitar el lago de Maracaibo, que está cerca de Mérida?
▼ Claro que sí, es el lago más grande de Latinoamérica. Allí podrás ver los palafitos de Santa Rosa, unas construcciones típicas de esa zona.
● No tenía ni idea. Creo que será muy interesante ver cómo vive la gente. Oye, ¿tú sabes cuál es el lugar más visitado de Venezuela?
▼ Sí, sin lugar a dudas, la isla Margarita, un lugar con muchos contrastes que siempre recordarás.
● ¿Y el archipiélago de los Roques?
▼ No sé qué decirte, para llegar tienes que subir a una avioneta y con el miedo que tienes a volar...
● Bueno, ya veré. Otra cosa: sabes que me gusta mucho comer. ¿Qué platos me recomiendas?
▼ Creo que la comida va a sorprenderte. Prueba el pabellón criollo y saborea la variedad de arepas. Están riquísimas.
● Oye, ¿y tengo que vacunarme?
▼ No estoy muy seguro. Mejor pregunta a un médico.
● Pues muchas gracias por toda tu información. Estoy muy ilusionada.
▼ Disfruta mucho y a la vuelta ya me contarás cómo te fue.

Unidad 5: *Los espectáculos*

Pista 10
CONTENIDOS GRAMATICALES.
Actividad 4
Hoy nuestra compañera de Onda Meridional Luisa Barrios va a hablarnos del lado más humano de Chayanne. El lado más humano.
Positivo, optimista, pero sobre todo, sencillo. Así es Chayanne, cantante, actor y bailarín, y una de las estrellas latinas más importantes a nivel mundial. Su filosofía de vida es muy clara: *Mirar siempre hacia delante*. Más de treinta años dedicados a la música y con un total de veintidós discos grabados.

Transcripciones de las audiciones

Pero Chayanne es ante todo una persona sencilla, humilde, que día a día se esfuerza por compaginar su trabajo con su vida familiar, sus dos mayores tesoros. Entre sus planes futuros se encuentra volver a la interpretación, pues para él ha sido una experiencia muy enriquecedora que desea repetir. Por el momento, Chayanne está centrado en la gira internacional de presentación de su último disco: «No hay imposibles», que lo llevará por Estados Unidos, Latinoamérica y Europa. Además de cantante, actor, padre y marido, Chayanne es también una persona comprometida a nivel social; a lo largo de su trayectoria profesional se ha distinguido por luchar activamente contra el cáncer o por participar en campañas de carácter humanitario en ayuda a los más desfavorecidos.

Pista 11
DE TODO UN POCO. Actividad 3 A
Daniel y Juan son dos primos que viven en Villalba, un pueblo de la provincia de Madrid. Se encuentran en la calle y empiezan a hablar.
● ¡Hola, primo! ¡Cuánto tiempo sin verte!
▼ ¿Qué pasa Daniel? ¿Cómo estás?
● Aquí estoy un poco aburrido. Voy a comprar el periódico para leer algo y mirar la cartelera del cine, que hace tiempo que no voy.
▼ Mira, yo tengo que ir a Madrid a comprar unas entradas para un musical. ¿Por qué no vienes conmigo y vamos al cine?
● Me parece muy buena idea. ¿Sabes? Tienes razón, es más fácil encontrar una buena película en Madrid que aquí en Villalba.
▼ Mira, por ahí viene nuestra amiga Laura. Vamos a ver si viene con nosotros a Madrid.
● ¡Hola, Laura! ¿Qué tal? Estábamos hablando de ir al cine a Madrid. ¿Te apetece venir con nosotros? Luego podríamos ir a cenar.
■ Me encantaría ir con ustedes, pero ¡qué lástima!, no puedo, es que mis papás y mi amiga Elda vinieron de Argentina a visitarme y tenemos mucho para conversar. ¿Por qué no vienen ustedes mañana a mi casa a eso de las 16:00 y se los presento?
● Estupendo, nos vemos mañana. A eso de las 16:00.
▼ Bien, venga, vámonos ya o no llegamos.
■ Hasta mañana, chicos. Y que se diviertan.

Unidad 6: *La diversidad es nuestra realidad*

Pista 12
DE TODO UN POCO. Actividad 3 A
Hoy en nuestro espacio de Onda Meridional «La diversidad es nuestra realidad» nuestro reportero ha entrevistado a dos mujeres.
Leslie Salgado, nació en Honduras. Vive en España desde hace siete años. Es fisioterapeuta. Tiene 52 años y es viuda. Le gusta la lectura y la música.
● Mi país es caluroso, desde el clima hasta la gente. Somos muy hospitalarios, todo el mundo es cercano, quizá por eso tenemos un concepto grande de la familia: padres, hijos, hermanos, primos, abuelos, sobrinos..., algo que en España no es así, solo la forman los padres y los hijos, y casi nadie más. O al menos es lo que a mí me parece. Cuando vine a España me sorprendió que muchos ancianos fueran a una residencia; en mi país los tenemos en casa. En Honduras, aunque se utilizan métodos anticonceptivos, ninguna familia tiene menos de cuatro hijos. En mi país cuando caminamos por la calle y nos chocamos con alguien le pedimos disculpas, algo que no suele suceder en Madrid y me parece muy raro.

▼ Simeen Akhtar es de Bangladesh, está casada con el embajador de este país en España, tiene dos hijos y es médico. Le gusta la música, la cocina y la lectura.
● Al llegar a España me sorprendió ver cómo las mujeres se comportaban de una forma tan libre en relación con los hombres, andando uno al lado del otro, algo que no pasa en Bangladesh, donde la mujer siempre va detrás del marido, ocupando un segundo lugar. En mi país, el visitante se sorprende por otras razones: el tumulto en la calle y los rickshaws (taxis tirados por hombres, a veces andando, otras en bicicleta) y porque miles de personas comen y beben en las aceras. La familia es el corazón de nuestra actividad, respetamos a las personas mayores, de las que siempre recibimos consejo. Tenemos una gran espiritualidad que da sentido a nuestras vidas, algo que es difícil de conseguir en los países occidentales.

Pista 13
DE TODO UN POCO.
Actividad 3 B
Cuando nuestras abuelas no hicieron las américas.
Sergio es un argentino que ha venido a España para visitar la tierra de sus antepasados, Villaviciosa (Asturias). Llevaba mucho tiempo pensando en este viaje porque necesitaba encontrar sus raíces. En una sidrería se encuentra con su prima Patricia.
● Sergio, ¿Estás muy serio? ¿Qué te pasa?
▼ No, nada. Estoy muy emocionado de haber visitado la casa donde nació mi papá.
● ¿Con cuántos años se fue tu padre a América?
▼ Mis abuelos se fueron a Argentina en 1930, así que él tendría un año y medio. ¡Qué valientes tuvieron que ser para tomar una decisión así!
● Sí, es cierto. Lo bueno era que cuando llegaban a Argentina no tenían problemas de idioma, ni de trabajo. Mucho peor lo tenían los italianos o polacos porque no sabían hablar español.
▼ Tienes razón. Mi abuelo me contaba que Argentina los recibió muy bien. No les exigían ningún papel para vivir allá. Ahora los argentinos que viven en España, si no tienen papeles, no tienen derecho a nada.

Transcripciones de las audiciones

- Sí, los tiempos han cambiado mucho. Ahora hay un mayor control. Pero también antes era muy duro el viaje, un mes en un barco. Pero siempre hablamos de los que se fueron y nos olvidamos de las mujeres que se quedaron aquí. Yo he visto muchas veces llorar a mi abuela al recordar a mi abuelo. Él se fue, pero nunca regresó. También fue triste para mi madre. Ella no pudo ir a la escuela porque tenía que cuidar de sus hermanos pequeños, ya que mi abuela tenía que ir a trabajar al campo.
- Por supuesto. Mis abuelos se marcharon juntos y, a pesar de la dureza de las circunstancias, ellos conocieron otras realidades: el progreso, el acceso a otras culturas y a otras gentes.
- ▼ Sí, sí, pero la mujer que se quedaba en España, tenía que sacar a los hijos adelante y ejercer de padre y madre a la vez.
  Y, cambiando de tema ¿a ti te gustaría quedarte en España?
- Claro que sí. Pero, aunque tengo nacionalidad española por ser descendientes de españoles, creo que es muy difícil ser inmigrante en España y, sobre todo para mí, que tengo 42 años. La gente no nos da trabajo.
- ▼ Eso no es verdad. Estamos pasando por unos momentos económicos difíciles y no es fácil para nadie conseguir trabajo. Pero puedes quedarte unos días en Villaviciosa para conocer mejor al resto de la familia. Todos están encantados con tu visita.
- Gracias. Lo pensaré.

Unidad 7: Nuestra lengua

Pista 14
DE TODO UN POCO. Actividad 3
Situación 1
3 compañeros de piso.
- ¿Alguien tiene una cámara de fotos? No encuentro la mía y mañana es el cumpleaños de Sara y le prometí que yo me encargaría de las fotos.
- ▼ Sí, yo tengo ahí la mía. Te la dejo pero ten cuidado y no la pierdas.
- También debería comprarle un regalo y no tengo dinero. ¿Me podríais prestar 30 euros?
- ■ Lo siento, pero yo tampoco tengo plata.
- Bueno, bueno. Pues entonces dejadme un móvil para pedírselo a mi padre. Es que no tengo saldo en el mío.
- ▼ A mí no me pidas más cosas que yo ya te he dejado la cámara.
- ■ Usa mi celular.
- Gracias. Pero primero voy a ducharme. Por cierto, ¿puedo usar vuestro gel? El mío no lo encuentro.
- ▼ Sin comentarios.
- ■ Con un cuate como tú aumentan mis gastos en España.

Situación 2
En el banco.
- Por favor, firme aquí.
- ▼ Un momento que no encuentro mi bolígrafo. ¿Me deja el suyo?
- Sí, claro. Tome.

Situación 3
Dos amigas en la cafetería.
- Necesitaría tu maleta grande para el viaje a México.
- ▼ Pues lo siento, es que me la rompieron en el aeropuerto la última vez que estuve en Italia.

Unidad 8: Los estudios, ¿una obligación? No

Pista 15
DE TODO UN POCO. Actividad 3 A
Daniela Gallego tiene 27 años, es de Madrid y este año estudia en la Universidad de Granada donde está terminando la carrera de Filología Árabe en la Facultad de Filosofía y Letras.
Daniela: Estoy muy contenta de estudiar en Granada y me encanta estudiar árabe aquí. Tengo una impresión muy buena de las clases en la Facultad. Los profesores son excelentes y la gente de mi clase es más madura de lo que esperaba. Todo el mundo estudia y participa en clase.

José Fernando Barranco, mexicano, 22 años. Estudia Arquitectura en la Universidad Nacional de Buenos Aires.
José Fernando: Estoy muy lejos de mi país, pero no me importa porque la experiencia es interesante. Buenos Aires me ha parecido una ciudad fascinante desde el punto de vista arquitectónico y culturalmente muy rica. No quiero irme sin aprender a bailar el tango.

Amparo Romero, valenciana de 21 años. Estudia Bellas Artes en Copenhague, y también trabaja como decoradora.
Amparo: Estoy muy contenta y no siento nostalgia de España porque todos los días hablo con mi familia y amigos por *Skype*. Copenhague es una ciudad maravillosa para la gente que tiene interés por el diseño. Además, es una ciudad muy interesante. Aquí estoy muy contenta y normalmente aprovecho los fines de semana para visitar otros lugares.

Pista 16
DE TODO UN POCO. Actividad 3 B
- ¿Qué te pasa? Te veo un poco nervioso.
- ▼ Pues sí. Final de curso y muchos exámenes.
- Pero tú eres buen estudiante. ¿Porqué te preocupas tanto?
- ▼ Bueno, ya sabes. No puedo evitar estar estresado cuando llegan estas fechas.
- ¡Qué raro me parece lo que me cuentas! Sobre todo tratándose de ti. ¿Estás preocupado por alguna asignatura en concreto?
- ▼ No, es simplemente que tengo miedo a suspender.
- ¡Qué extraño que reacciones así! Es increíble que te angusties cuando siempre tienes las mejores notas de la clase. Yo me pongo histérica cuan-

Nuevo Avance Intermedio 133

do los profesores me tienen que dar las notas, pero es que yo no estudio nada. Tienes que relajarte o buscar ayuda.
▼ ¿Tú crees? Supongo que es una reacción que no controlo bien. Dudo que nadie me pueda ayudar, aunque después de hablar contigo me siento mejor y más relajado.
● Venga, no te preocupes. Olvídate de los exámenes y vámonos al cine.

Unidad 9: *Dar las gracias no cuesta dinero*

Pista 17
CONTENIDOS GRAMATICALES. Actividad 6

¡ZAPATOS FUERA!
Este es un hábito sueco que usted posiblemente habrá podido observar ya en algunos aviones. Yo lo experimenté por primera vez solo tres días después de la inauguración de nuestra casa en Estocolmo.
Había llamado a un hombre para instalar una antena parabólica y cuando entró en la casa, se quitó los zapatos. Le dije sorprendida: "No se preocupe, no es necesario que se quite los zapatos", pero no entendió por qué le decía aquello. Me miró con cara de extrañeza y se fue para la habitación.

Nunca había experimentado nada semejante, a no ser los niños, nadie se quita los zapatos al entrar en casa y menos alguien desconocido. Poco después aprendí que es una práctica muy común, ya que quieren evitar introducir en la casa el barro y la suciedad que producen la nieve y la lluvia.

Más allá del motivo del clima, es cierto que también los suecos valoran mucho la "comodidad" y estar sin zapatos es más cómodo; así que aprovechan cualquier ocasión haya barro o no para quitárselos.

Por eso, ya sabe si un día llega a su casa y se encuentra a un tipo sin zapatos no se preocupe.

Pista 18
DE TODO UN POCO. Actividad 3
Realiza estos ejercicios sentado en una silla, a ser posible en un ambiente relajado.
1 Gira la cabeza 90° hacia ambos lados, sin bajar la barbilla.
2 Sube los brazos y enlaza las manos por encima de la cabeza. Estira los brazos el máximo posible.
3 Con la espalda recta, mueve los hombros hacia atrás. Mantén esta posición durante cinco segundos.
4 Inclina el cuerpo hacia adelante, hasta que la nariz toque las rodillas. Abraza las piernas con los dos brazos.
5 Coloca las manos entrelazadas sobre la cabeza y baja la cara, hasta tocar el pecho con la barbilla.

Unidad 10: *Ellos y ellas*

Pista 19
DE TODO UN POCO. Actividad 3
Pilar y Manolo son amigos que se conocen desde que eran estudiantes en la Universidad. Manolo es profesor en un instituto de Béjar, un pueblo de Salamanca y está de viaje con sus alumnos en Salamanca donde vive Pilar.
● Hola, Pilar. Soy Manolo ¿Te acuerdas de mí?
▼ ¡Hola Manolo! ¡Claro que sí! ¡Qué sorpresa! ¿Dónde estás?
● He venido a Salamanca con un grupo de alumnos y aunque no tengo mucho tiempo, me apetecería verte. ¿Qué te parece si quedamos hoy?
▼ Encantada. Me parece muy bien. Esta tarde puedo. ¿Cuándo puedes tú?
● ¿Qué tal si quedamos para tomar un café en el Novelty, en la Plaza Mayor?
▼ Vale. ¿A qué hora?
● Si te parece, dentro de media hora porque estoy muy cerca de allí.
▼ ¡Vaya!..., lo siento. No puedo tan pronto. Además tengo un montón de exámenes para corregir. Si no te importa, prefiero quedar para cenar.
● Perfecto. Me viene muy bien porque esta noche los alumnos tienen la noche libre. ¿Cuándo y dónde quedamos?
▼ ¿Qué te parece si nos vemos a las nueve debajo del reloj de la Plaza Mayor y vamos al restaurante que te apetezca?
● De acuerdo. A las nueve debajo del reloj.
▼ Pero no llegues tarde. No seas tan impuntual como siempre.
● Está bien. No te haré esperar. Adiós, hasta luego.

Unidad 11: *Me lo dijeron dos veces*

Pista 20
DE TODO UN POCO. Actividad 3
● ¡Hola! ¿Qué tal el viaje?
▼ Lo he pasado fenomenal. Aunque todavía estoy cansado por el cambio de horario.
● ¿Te acuerdas que te conté la semana pasada que había participado en un concurso donde se ganaba un viaje a Perú?
▼ Sí, sí, me acuerdo. ¿Y?
● ¡He ganado el viaje a Perú! Me voy una semana con todos los gastos pagados.
▼ ¡Qué suerte! Te va a encantar el país.
● Estoy segura. Tú que acabas de volver, ¿qué me aconsejas?
▼ Sin lugar a dudas, el viaje en tren desde Puno a Cuzco. Es una experiencia única que siempre recordarás.
● ¡Estoy segura!
▼ Recuerda que también debes visitar el Lago Titicaca y las islas Flotantes de los Uros.
● Sí, sí, claro. Me han dicho que también hay que ir a ver las líneas de Nazca?

▼ Por supuesto. A mí me encantó la experiencia.
● Y la comida, ¿te gustó?
▼ La comida te sorprenderá por la mezcla de cocina andina con cocina japonesa, española, italiana. No puedo olvidarme todavía del cebiche y de la gran variedad de frutas. ¡Qué ricas!
● ¡Qué ganas tengo de hacer este viaje! ¡Estoy tan ilusionada!
▼ Ya lo verás. Te va a encantar. Lo vas a pasar muy bien.

Unidad 12: *El mundo del trabajo*

Pista 21
DE TODO UN POCO. Actividad 3 A
Elda es de Colombia pero vive en Suecia y ha venido a Málaga para hacer un curso. El primer día de clase habla con sus compañeros sobre sus aficiones.

● Elda, ¿qué aficiones tienes?
▼ Me encanta bailar y también me fascina ir de rumba.
● ¡Ah! ¿Te gusta bailar rumbas?
▼ No. *Ir de rumba* es ir de fiesta. También practico algunos deportes como basket.
● Viviendo en Suecia esquiarás y jugarás al golf, ¿no?
▼ No me gusta esquiar y además odio jugar al golf.
● ¿Qué prefieres hacer en tu tiempo libre?
▼ Depende de la época del año. En invierno me gusta ir al cine o a un museo y en primavera o en verano ir en bicicleta por el bosque o por la ciudad. Cuando vivía en Colombia, los domingos siempre iba con mis amigos al río a bañarme y eso lo extraño.
● ¿Qué es lo que destacarías de tu país, Colombia?
▼ Lo que más me gusta es que la gente allá es muy alegre, todo el día estamos contentos, es decir, se pasa *chévere*.

● Elda, tú vives ahora en Suecia. ¿Qué opinas de los suecos?
▼ Los suecos son muy tranquilos, me caen muy bien.
● Por último, ¿qué es lo que menos te gusta hacer?
▼ Cocinar no me gusta, pero me encanta comer.

Pista 22
DE TODO UN POCO. Actividad 3 B
Nuestra reportera de Onda Meridional ha salido a la calle a preguntar a la gente cuáles serán las profesiones del futuro.

● Buenos días, señora. Estamos haciendo una entrevista para Onda Meridional. ¿Cuál cree que será la profesión del futuro?
▼ Muy buena pregunta. Yo tengo dos hijos y les aconsejo que se preparen para profesiones desconocidas actualmente. Por ejemplo, «Experto en Educación Animal» porque cada vez hay más gente sola y quiere estar acompañada por un animal doméstico. ¿No se da cuenta de la cantidad de gente que tiene perro? ¡Ah! también creo que tienen futuro las profesiones relacionadas con los cuidados para las personas mayores. Cada vez vivimos más años y seguro que se va a necesitar a mucha gente para cuidar a la gente mayor.
● Buenos días, joven. ¿Puedes contestarme a esta pregunta? ¿Cuál crees que será una de las profesiones del futuro?
▲ Pues yo creo que Ingeniero Ambiental. La preocupación por conservar nuestro planeta hará que aumente la demanda de gente especializada en mantener el medioambiente.
● Señor, buenos días. Una pregunta: ¿cuál cree que será la profesión del futuro?
■ Educadores. Yo soy profesor y pienso que el mercado laboral es cada vez más competitivo y será imprescindible seguir formándose continuamente.
● ¡Hola! ¿Te importa si te hacemos una pregunta? ¿Cuál crees que será la profesión del futuro?
▲ Soy estudiante de Turismo y pienso que los expertos en Turismo vamos a tener mucho trabajo porque los medios de transporte son cada vez mejores y la gente cada vez se mueve más, por lo que se requiere gente experta en turismo para que programen excelentes vacaciones.

Examen DELE nivel B1

Pista 23
3. Interpretación de los textos orales Parte número 1.
1. ¿Qué planes tienes para este fin de semana?
a Había pensado ir a la playa con los niños.
b Muy bien, acepto.
c A mí, el calor no me afecta demasiado.

2. ¿Quieres otra cerveza?
a No sé, hace un tiempo horrible.
b Necesito un cambio.
c Vale, pero invito yo.

3. Buenos días. Quería cortarme el pelo.
a No mucho.
b Muy bien. ¿Cuánto le gustaría cortarse?
c ¿Te gusta?

4. La casa no está en el centro de la ciudad y en el anuncio decía que sí.
a Pues eso es un problema.
b ¡Qué aburrido!
c Estoy preparada para salir.

5. Mañana vuelvo a El Salvador, pero antes quiero despedirme de mis compañeros, comprar regalos y limpiar la casa.
a ¡Qué mal!
b Tienes mucho que hacer, ¿no?
c Me encanta la primavera.

6. A mis compañeros de clase les encanta hacer ejercicios de gramática.
a Pues, a mí no.
b No, no sé.
c Que tengas un buen fin de semana.

Transcripciones de las audiciones

7. Debes mejorar tu alimentación. Es importante que comas más pescado, fruta y verdura.
a Lo mejor es que te tomes unas vacaciones.
b Vale. Lo intentaré.
c No sé si tendré tiempo.

8. Teresa, ¿qué te ha pasado en la mano?
a Pues que me he dado un golpe con la puerta.
b Se me olvidó la cartera.
c ¿Y eso?

9. Vivo en el centro de la ciudad muy cerca de la biblioteca y del cine.
a ¡Qué bien!
b No tengo dinero.
c Mañana me compro un coche.

10. Sigue todo recto por la calle Victoria y después gira a la derecha.
a Que tengas mucho cuidado.
b Encantada.
c Gracias, es usted muy amable.

Pista 24
Parte número 2.
11. A mí me encanta viajar sola. Perderme en algún pueblecito y hablar con la gente.
● Pues a mí todo lo contrario.
▼ ¿Cómo le gusta viajar a la mujer?

12. ¿Puedo comprar el billete en el autobús?
● Lo siento. Tiene que comprarlo en la taquilla.
▼ ¿Qué quiere comprar el hombre?

13. Necesito a alguien que hable idiomas y que tenga experiencia en Turismo.
● ¿Qué te parece si ponemos un anuncio en el periódico?
▼ ¿Qué necesita la mujer?

14. Estoy perdiendo mucha vista porque no veo muy bien de lejos.
● ¿Por qué no vas al oculista?
▼ ¿Qué le pasa?

15. ¿Ya ha venido el electricista?
● Sí, ha puesto un enchufe nuevo y ha arreglado la luz del baño.
▼ ¿Por quién pregunta?

16. Para mí lo más importante es tener tiempo para mi familia.
● Pues entonces tienes que trabajar menos.
▼ ¿Qué es lo más importante para el hombre?

17. ¿Puedo cerrar la ventana? Es que entra un aire muy frío.
● Sí, sí. Cierra.
▼ ¿Qué quiere hacer?

Pista 25
Parte número 3.
Zumba, la manera más divertida de hacer ejercicio.
Zumba es un programa internacional de baile y ejercicios con ritmos latinos que ayuda a adelgazar. Y, ¿cómo se pierde peso? Simplemente bailando, bailando y bailando. No importa tu edad, tu ritmo o tu nivel de coordinación, puedes apuntarte a una de estas divertidas clases que te servirán para desconectar mentalmente de tu día a día y pasarlo en grande, y también aprovecharás para quitarte unos kilos. Alberto, "Beto", Pérez creó el zumba a mediados de los años noventa, por casualidad. El bailarín daba clases de aeróbicos en Cali, Colombia, y un día olvidó en su casa la música que utilizaba normalmente. Así que con música de bachata y merengue tuvo que improvisar una clase: nació lo que él llamó "rumba".
"Beto" empezó a dar clases por todo el mundo, a diseñar coreografías para cantantes como Shakira e hizo vídeos de ejercicios que se vendieron por Estados Unidos. Fue aumentando la demanda de instructores de esta nueva especialidad, y empezaron los cursos de formación. Su vídeo original se titulaba "rumba", pero al ver que los anglosajones no sabían pronunciar la "r", cambiaron el nombre por zumba.
La cuestión, en definitiva, es reír y pasarlo bien a la vez que nos ponemos en forma. Más de dos millones de personas lo practican por todo el mundo.

Pista 26
Parte número 4.
● ¡Hola Octavio! ¿Tienes tiempo para tomar un café?
▼ Lo siento, pero tengo mucha prisa. Lo dejamos para otro día, ¿te parece? Es que tengo que comprarme un traje para una boda.
● ¿Quién se casa? ¿Tu hijo?
▼ No, no. Se casa mi sobrino con una chica portuguesa, por eso la boda se celebra en Portugal y esta tarde me voy para allá.
● Y, ¿cómo vas a ir?
▼ Voy a ir en mi coche porque también vienen mis hijos y de paso hacemos turismo.
● ¿A qué parte de Portugal vais?
▼ Vamos al norte, a Braga. Salimos de Málaga y vamos hasta Salamanca y allí dormiremos. Al día siguiente continuamos en dirección a Oporto y Braga.
● ¿Cuántos días vais a estar fuera?
▼ Solo podremos estar una semana porque mi hijo ha encontrado trabajo y empieza el uno de junio.
● Me alegro mucho de que por fin tenga trabajo. Bueno, pues que lo paséis bien y que comáis buen bacalao.
▼ Pues sí, eso espero. Comer bien y disfrutar de la boda. Te llamo cuando vuelva.
● De acuerdo. Buen viaje.